为什么我们爱得如此不安？

◎ 爱心理 / 著

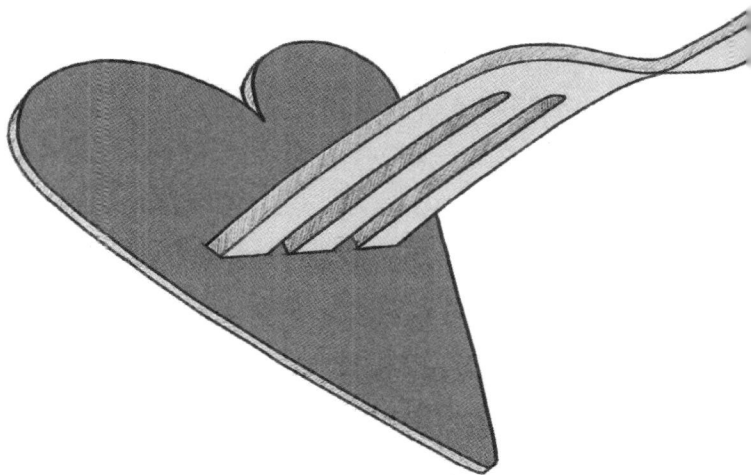

台海出版社

图书在版编目（ＣＩＰ）数据

为什么我们爱得如此不安？ / 爱心理著. —— 北京：
台海出版社, 2021.7
ISBN 978-7-5168-2968-4

Ⅰ.①为… Ⅱ.①爱… Ⅲ.①恋爱心理学 - 通俗读物
Ⅳ.①C913.1-49

中国版本图书馆CIP数据核字(2021)第065817号

北京市版权局著作合同登记号：图字01-2021-1905

本书中文繁体字版本由城邦文化事业股份有限公司-商周出版在台湾出版，今授权人天兀鲁思（北京）文化传媒有限公司在大陆地区出版其中文简体字平装版本。该出版权受法律保护，未经书面同意，任何机构与个人不得以任何形式进行复制、转载。
项目合作：锐拓传媒　copyright@rightol.com

为什么我们爱得如此不安？

著　　　者：爱心理

出 版 人：蔡　旭
责任编辑：俞滟荣

出版发行：台海出版社
地　　址：北京市东城区景山东街 20 号　　邮政编码：100009
电　　话：010-64041652（发行，邮购）
传　　真：010-84045799（总编室）
网　　址：www.taimeng.org.cn/thcbs/default.htm
E－mail：thcbs@126.com

经　　销：全国各地新华书店
印　　刷：北京金特印刷有限责任公司
本书如有破损、缺页、装订错误，请与本社联系调换

开　　本：880 毫米 ×1230 毫米　　　1/32
字　　数：138 千字　　　　　　印　　张：8.125
版　　次：2021 年 7 月第 1 版　　印　　次：2021 年 9 月第 1 次印刷
书　　号：ISBN 978-7-5168-2968-4

定　　价：45.00 元

吴姵莹 [心理咨询师]

"爱心理"创办人，心理学作家，国际MBTI认证施测师，企业讲师，擅长将心理学融入生活与企业管理中，致力于推动心理与情感教育，更期盼帮助每个人建立心理健康的观念。现撰文于《女人迷》《生活报橘》《妈妈经》《女人帮》《阅读人》等在线媒体专栏，文章曾被引用于新闻媒体与教科书籍，同时著有《图解幸福大人的心理学》《做自己最好的陪伴》《关系界限》三本书。

与大陆多个平台共同打造系列音频课"职场心理界限""心理图书馆""建立清晰的人际界限""焦虑管理"，以及与《联合报》一刻鲸选制作音频课"不安的爱"。

亦是电视节目《大脑先生》《单身行不行》《新闻挖挖哇》《三十卡卡》《半熟人生》的心理专家，曾受《华视新闻杂志》《今周刊》《张老师月刊》《大家健康杂志》《皇冠杂志》《魅丽杂志》《亲子天下杂志》《妈妈经》We Care 采访。

杨瑞玉 ［心理咨询师］

本想从商或当兽医的我，依志愿排序读了心理系。我一心想着在大一转系，却在自我探索团体中，意外发现我从小对自己、对原生家庭的定义，存在着明显的矛盾与误解，因而开始对成长记忆感到好奇，也就此留在心理辅导领域，一直到现在……

从大学接触中学生辅导开始，我先后为小区机构的行政人员、公家单位员工、监狱服刑人员及自费（个人）提供咨询服务，接触到了不同年龄、背景的咨询者，提升了我对人的包容与接纳程度，我深深感觉人的需求是那么单纯直接，却因为面对各种不同情境与抉择而变得复杂，而这正是心理咨询工作深深吸引我的部分。

王雅涵 [心理咨询师]

一个爱玩、爱吃、爱唱歌的欢乐心理咨询师，曾经担任过和辍学生拼感情的社工，用活泼弹性的方式和咨询者相处。由于不喜欢被限制，想挑战让自己成为一个不被专业形象框定的人，致力于将桌游与相关媒介应用在各式各样的个案与团体身上。除了青少年外，也接触了许多长者和弱势家庭，并曾将桌游、心理学和教练等方式结合，在企业中担任讲师。目前足迹遍及台湾各个角落，经营 Facebook 与 Instagram——"心理师的欢乐之旅"，曾经一年环岛次数超过十二次，在工作和玩乐中寻找平衡，期待能和每个接触到的人说故事谈人生，一起更喜爱自己，活得更美好。

林佳慧（Sunny） [实习心理师]

过去是中学辅导教师，因不想成为一个鼓励孩子们勇敢追梦，自己却藏在安逸里的老师，于是辞去教师一职，拥抱未知，展开冒险。我喜欢尝试新鲜事物，喜欢自然地与人亲近，喜欢乱跑和大笑，还喜欢通过语言、文字、旅游和世界互动，同时也回头探索自己。曾受心理咨询触动，所以期许自己成为一个充满生命力和热情的人，以利他为出发点，散播辅导咨询温暖的爱与感动，让更多人能在爱里活出真实的自己！而此刻在台湾师范大学教育心理与辅导研究所就读的我，正走在这条路上。

前　言

让受伤的自我，从不安中苏醒

吴姵莹

在很多爱情相关主题的演讲场合，我都会这样笑着开场："'爱心理'的课程，是从失恋情伤起家的。当然我们学心理的都很爱自嘲，我们通常对最搞不懂的，也是痛苦指数最高的议题特别感兴趣！因为一直失败，所以要拼命钻研！"

在人生的路上我们会遇到情感的问题，也会试着在伤痛中疗愈自己。因为自己的故事引发许多人的共鸣，所以我们相信，情感是困扰多数人的问题，也是每个人心灵得到启发最重要的入口。情感中的失利，不仅能帮助我们得到被疗愈的机会，还能帮助我们成长。

从自身经验出发，再结合这一路以来的工作经验，我们不断在接受心理咨询的人与学习心理课程的学员身上看见许多人在关系里挣扎。他们由于缺乏安全感以及被童年伤痛所影响,而在情感里患得患失,慌张地学习爱情的知识,渴望看透摸熟另一半,或是提升自身的吸引力换来更多的关注,却忘了回过头来好好关照自己、爱自己。所以这几年来,我一直通过心理学的概念,帮助人认识自己、认识爱情,进而提升自己在爱情里的自信与价值。

这也是为什么我们希望集结各位老师对于爱情的见解,一起来回答爱情中常见的三十种不安与困惑。

在挣扎与困顿里,找到专属于自己的生命模式

我们在爱情里展现的姿态,往往与我们童年学习到的经验有关。不论是你看见父母的互动,或是你被亲近的人对待的方式,抑或是你在学校的人际经验,都在影响你对自己、对伴侣以及对亲密关系的感受。

也许父母之间的关系、父母与你的关系、你过往的亲密关系在你身上烙下的印痕,影响了你在亲密关系中的展现,但并不代表这印记是永远无法磨灭或改变的,当我们觉察到了它的影响力,就有机会改善我们在爱情中不安全的模式。没有人的家庭是完美的,也没有人的父母生来就懂得完美教育,更没有人的成长过程顺遂到没有任何伤痛与不愉快的经历,但这些生命里的不完美,

并非只是你在亲密关系中的限制因素，它还可能帮助你转化与成长，让你在挣扎与困顿里找出专属于你的生命模式，或者更简单地说：活成让你自己满意的样子。

疗愈的发生与改变，脱离不了认知层次的理解，许多人往往在顿悟那一刻，才会解开多年的纠结与困惑，觉得生命得以前行。

这些纠结与困惑可能是：

1. 经常感到强烈的不安，需要不断打电话确认对方是否依然爱自己，也需要对方随时报备行踪，生怕一转身对方就爱上别人。既无法相信自己，也不相信对方，一直在生命里寻找爱的证明，殊不知其实是在找不被爱的证明。

2. 害怕被拒绝，又拥有易碎的价值感与莫名的自尊心。每一段感情都无疾而终，或者先抛弃他人，或者苦等他人追求，事后又安慰自己"没胆识、不主动的人不要也罢"。

3. 无法亲近他人，总是维持表层又浅薄的关系，可能来自小时候经常被忽略的记忆，让你习惯隐藏自己的感受，以为这样比较安全，却觉得全世界只剩下自己。

4. 总是维持暧昧关系，不愿意深入彼此承诺且心灵靠近的关系。

5. 不害怕去爱，总是拼命去爱，爱得炽热，爱得疯狂，爱得轰轰烈烈，却总是吸引惯性偷吃又对你爱搭不理的情人，朋友骂你何必这样，你却控制不了自己。

6. 在情感中伴侣说一句都不行，一说就拼了命翻旧账，好几个巴掌立刻打回去……

正视心里"渴望爱"的孩子

其实，每个人心里都住着一个渴望爱的孩子，而我们多少都曾在爱里受伤，觉得自己被爱得不够。当生命的伤痕或困扰激发了我们对自我、对情感关系热切了解的渴望后，请把握机会好好整理与疗愈自己。

这本书分为"从追求到暧昧：关系确定前的不安""从交往到争执：置身关系时的忐忑""从分手到展开：关系结束后的惶然"三大部分，述说人们在爱情各阶段历程中容易遇到的不安现象，每一篇也向读者提供思考与应对的方式，帮助读者认识自己的现状，找到自我检视的方向。

亲爱的读者，我们都可以不让内心的伤痛影响成年的亲密关系，让自我苏醒过来，去呼吸新鲜空气，为生命展开新篇章。让我们陪你一起前进，迈向属于你的幸福吧！

目 录

§ 为什么曾经相谈甚欢，现在却"已读不回？"

§ 为什么明明有好感，却总是裹足不前？

§ 那些若有似无的暧昧，会不会只是人生三大错觉？

§ 唯有洗涤自身的彷徨与不安，

§ 爱情才不会只是眼前的海市蜃楼。

第一章

从追求到暧昧：关系确定前的不安

我真的想谈恋爱吗？
——谈爱情里的单身平衡状态

杨瑞玉

"最近亲朋好友经常问我'有没有男朋友？什么时候结婚啊？'问得我都急了。我确实有点羡慕身边的朋友出双入对，也有点担心自己会不会就这样单身下去，可是缘分还没有降临，而且我现在的生活也挺好啊。"Judy 和姐妹们这样说着。

Judy 觉得现阶段的工作与生活挺好的，不需要也不适合有太多改变，但对于爱情又有些担心和期待。Judy 从大学毕业后就有了稳定的工作，几年下来成了公司的小主管，只要不用加班，下班就去健身房运动，周六假日则和家人或朋友聚会，吃饭、爬山、逛街、闲聊，也经常安排出国旅游看看世界。

"其实我有喜欢的对象，但我整天在工地忙，全身都是尘土和汗臭味，谁会喜欢这样的我？而且我才刚升职，工作正在起步阶段，我想多花些心力在工作上，努力闯闯，况且我现在这年纪谈恋爱也不一定会走到结婚，还是之后再说吧！"小鹿看似精辟地分析着。

从小不喜欢读书的小鹿，从高中就开始跟着亲戚学装潢，才二十五岁已是独当一面的小承包商，带着数个团队接项目，收入颇丰，也已经买房买车了。亲友都鼓励小鹿立业成家，对此，小鹿早就想好了说服他们的说法，但当他真的遇到心仪的对象时，又有些没自信、怯于行动，所以也用说服亲戚的这番话说服自己以后再说。

"谈恋爱起初是甜蜜快乐没错，但一旦开始交往，麻烦事就多了，虽然我的确想过要找个伴，但现在工作压力已经够大了，还真不想再自找麻烦！"John矛盾地说着。

研究生毕业后在园区担任工程师的John，在专业领域的工作及进修压力极大。虽然他看着身边的人因为拥有感情或婚姻，而得到另一半的关心照顾；但同时，也看着身边部分同学朋友因为恋爱或结婚，而总是跟伴侣产生摩擦。John实在不想过彼此折磨的痛苦生活，所以宁愿维持现状……

我在接触过许多单身男女之后，发现长时间单身者，通常在维持一段时间的单身之后，会自然而然在生活中找到新的平衡状态，偏向单纯规律，每天上班下班，每周偶尔运动，安排跟朋友碰面等休闲娱乐，享受着平稳安定的生活。若不是渴望亲密，或无法承受家人期待，非得找个人结婚不可，那么这样的单身平衡状态，其实是相当轻松惬意的。

你正处于单身的平衡状态吗

以下五个问题，能帮你确认自己是否正处于单身的平衡状态：

· 穿着打扮跟几年前不一样，越来越以舒适为主。

· 超过一年没有认识新朋友了（常去店铺的店员除外）。

· 无论是通勤时间还是参与活动的时候，都鲜少跟他人有眼神接触或互动。

· 习惯独处的时间，即使有安排，安排的也是个人活动而非团体活动。

· 即使认识了新朋友，对其个人信息也没有太大的兴趣或好奇心。

处于单身平衡状态的人，心态与选择才是决定他们未来生活的重点，无关于能力、条件。当他们无意打破平衡状态时，比较内向害羞的人，会渐渐习惯于人际互动较少的生活；而偏向活泼外向的人，虽然会替自己安排活动，但通常都是在成员固定的封闭式圈子中交往，很难有开展全新社交圈的机会。不论是哪一种倾向，都有一个共通现象：他们在生活中已经找到了舒适的平衡，不会刻意去调整改变，而是保持"单身的平衡状态"。

维持平衡，还是打破平衡

想要谈恋爱的第一步，并不只是积极参加相亲或联谊活动，而是先问问自己，是不是真的想要改变目前平静稳定的生活？是不是真的期待找到一个对象，可以让自己在生活中体验"爱与归属"的甜蜜、"协调妥协"的进退拿捏？如果确认自己的心态已经做好了准备，就可以继续参考该怎么打破平衡。

打破平衡的三个关键

关键一：扩大生活圈

不论是在现实生活，还是在网络世界里，我们都可以认识新朋友，但这对人际互动习惯被动、容易产生焦虑的人而言，或许确实不是那么容易的事。不过，谁说交朋友一定只能依靠热闹的派对和流行的话题呢？你还可以从自己的兴趣喜好延伸，如果目前没有什么特别的喜好，至少也可以以你"愿意尝试"的兴趣为起点。

多数人常见的兴趣大概有：看电影、读小说、喝咖啡、尝美食。你可能会觉得自己的这些兴趣不够有趣、太过单调，但事实上，这是人们的兴趣清单中最常出现的选项，如果你有类似的兴趣，那表示你可以找到许多爱好相似的朋友。

放心挑选自己愿意花时间投入的兴趣，并在挑选后找些书籍阅读、在网上搜寻类似的兴趣社团、参与相关活动等，这就已经是在扩大自己的生活圈了。让自己认识更多兴趣相投的人，就算没能找到命中注定的对象，也能让自己多认识几位好朋友。

关键二：对人充满好奇

长时间只专注在自己的世界里，会养成习惯，自然忽略旁人的言行举动。要想改变这样的习惯，可以开始在生活中观察他人互动的过程，进而模仿学习；也可以练习对身边的同事、朋友给予"正面"的观察及响应，进而延续观察后的提问。例如："你今天的打扮很不一样，是要出席什么特别的活动吗？"先习惯对人充满好奇并给予欣赏或肯定，再逐渐找出可以多聊几句但不会涉及个人隐私的内容，比如穿着打扮、饮食习惯、休闲活动的选择等。这些看似微末的事，都能和朋友多一小步的互动。

这样的练习成果，能够展现在朋友闲聊接话、互动等场合。熟能生巧后，即使跟陌生人搭讪攀谈，也能够突破最困难的第一步，向对方展现出轻松自在的自己；更可能因为你的欣赏或肯定，让对方感觉到你重视他、欣赏他的善意，自然可以营造出友善愉快的氛围，这样，或许你就有机会与适合的对象搭上线。

关键三：勇于营销自己

无论是刚认识的新朋友，还是愿意持续互动的老朋友，大多都是符合自身的某些交友条件，彼此才能够相处愉快，更何况是期待恋爱的对象。我们总会挑选符合自己心仪条件的人，对方亦然。从认识到互动，都是彼此认识与评估的过程，这时候适度凸显个人的优势及特色，才能让彼此都有正确选择的机会。

营销自己首先要成为"自己喜欢的自己"，接着在人际互动中适度展现个人优点及特色，就能自然地进行自我营销，让他人对你产生优良的第一印象，而从这些对你有好感的对象中挑选心仪者，可以说是通往恋爱的一条快捷方式。

想成为自己喜欢的自己，不妨参考以下让人留下深刻印象的秘诀：

· 保持身材，挑选新的服装或配饰，适度打扮自己。

· 坚持运动，让身心维持在平衡健康的状态。

· 持续参与活动，或寻找新的活动或兴趣，让自己随时都有可供分享的新经验。

· 找到并参与可以让自己开心甚至大笑的活动。

· 经常跟朋友碰面，彼此分享生活，因此扩大生活圈。

此时的你，会充满自信地与人轻松互动，自然也会展现属于你的魅力；既有让人感兴趣的生活分享，也会有兴趣了解他人的话题。成为自己喜欢、欣赏的人，你自然也更可能成为受他人青睐的对象。

桃花桃花几月开？
——谈开启关系的人际吸引理论

杨瑞玉

"大家都问我有没有交男朋友，其实我也很想谈恋爱啊！但每次他出现在我面前时，我就不由自主地紧张，说不出话，甚至不太敢看他……"小祯困扰地说。

小祯从小就是个安静的女孩，一路念到大学都维持着不错的成绩，从不需要父母为她的学业操心。老师曾注意到小祯在学校太过安静，在人际互动上较为被动，但因没有造成太大的问题，所以没有刻意去改变小祯，父母也欣慰家中有一个不需要操心的孩子。工作几年后，亲友开始关心她有没有对象，但小祯总是上班工作、下班回家，没机会认识合适的对象；通过亲友介绍的几次约会，也都因小祯常低头不语，只偶尔抬头微笑而统统没了下文。

"我很怕聊天时尴尬，一尴尬我就会主动多讲一点，所以聊天应该不是问题！但我知道自己条件一般般，很多女生看不上我，所以我老是被发'好人卡'，唉！什么时候才可以脱离单身啊？"小豪无奈地说。

小豪从小跟同学互动普通，成绩平平，身材略为矮胖，现在工作平稳，收入一般，未来的发展升迁也不是特别有前景。虽然他曾经有过喜欢的女生，也曾示好告白，但总是遭到委婉拒绝；退伍工作后他也尝试追求过一个女孩，仍是相同的结果，于是他认定自己条件平庸，喜欢的女生一定看不上自己，所以干脆把追求异性的心力都省了，即使遇到相处愉快的女生，小豪也总是认为对方一定对自己没有意思，生怕重蹈覆辙，因此多年来一直卡在不上不下的位置，也就自然维持着单身的状态。

别陷入人际退缩的恶性循环

对人际或亲密关系互动感到焦虑的朋友，原因不外乎"对自己没有自信""面临互动的紧张、焦虑或挫折""选择退缩""对自己更没有自信""累积更多挫折经验"等，但是由于难以分辨何者为因、何者为果，所以会陷入越来越退缩的恶性循环。

不论是人际交流，还是亲密关系互动，对大多数人来说都不难，如果你有机会观察幼儿们的互动，会发现面对陌生朋友时，他们确实都会有害羞或观望的时期，而这段时期的长短因人而异，但大多数幼儿是相当容易跟新朋友发生互动的，即使只是躲起来偷看对方的眼神交流，或是看着别人的动作微笑甚至开怀大笑，都是互动的开始，一切都发生得这么单纯自然。

幼儿们跟新朋友互动，大多无须顾虑安全、外貌，以及对方的各种条件，等等，他们都没有想得太多太远，一切都等互动发生了再说。可以说，人际互动是人类一种与生俱来的本能。

首先，唤起注意的人际吸引法则

社会心理学家唐·伯纳（Donn R. Byrne）等人曾提出，"人际吸引"（interpersonal attraction）是人类一切关系的开始，意指个人对他人做出正向评价。而人际吸引在一段全新的人际及亲密关系中，有几个影响的关键，其中是否获得"对方的注意"，往往是决定关系能否开展或延续的很重要的因素。在人群中想要获得别人的注意，可以留意下列要点：

个人特质

首先，个人特质自然包含了外表吸引力这一项。不可否认，好看的外貌、窈窕或健壮的身材等外形条件，绝对是关键的第一印象。但即使没有这些与生俱来的外形优势，也可以通过简洁有质感、稍具巧思的打扮来吸引眼球。

其次，吸引人的个人特质还包括"能力"。找到自己相较一般人比较突出的技能，并适当地融入话题当中，例如平常喜欢跳舞、特别会维修家电、对烹饪有些研究……都能营造让人想多了解你的吸引力。

此外，受人喜欢的人格特质，也是吸引力的来源。例如展露笑容、在聚会中开心地融入众人的话题、让自己处于开心愉快的状态，都会让你显得特别亮眼；或是表现得自然大方，主动向他人打招呼并介绍自己，没有预设立场跟期待，更不需要刻意互动多久。有时，短暂的、在彼此感受到压力之前就结束的互动，反而能给人留下深刻印象。

接近性（proximity）与熟悉性（familiarity）

大家都听过"近水楼台先得月"，根据心理学的说法，就是所谓的"重复曝光效应"（mere exposure effect），也就是人会对于距离相近、熟悉度高的事物展现出较多的好感，这点可以应用在关系初期的互动上，你可以做到的是"寻找彼此的共同点"，包括经验、特质、想法等。

皆然，在聆听他人的故事或分享时，也可以专注于寻找彼此的共同经验，例如："我大学时也参加过同样的社团！""我也在路上碰到过那种推销，没买真的有点尴尬！""我也有个朋友跟你说的那位很像，常常处于过度亢奋的状态，让我都不知道怎么接话。"……当主动挑起话题的大任务变成了附和他人话题的小任务时，就能帮助自己轻松应对与他人的沟通。

相似性（similarity）与互补性（complementarity）

此外，人们也会寻求和自己具有"相似性"或"互补性"的对象。相似性的要点前面已经提及，而互补性则是"需求"或"角色"上的互补，例如一方喜欢照顾人，就会想要寻找喜欢受到照顾，而不是非常独立的对象；所以如果在对话中发现彼此的特质互补时，也同样可以在对话中积极地表现出来。

其次，自在相处的初期互动法则

开始真实互动之后，人际相处的自在与否成为关键。此时可尝试根据以下"利于关系建立的法则"，在言谈中给予对方更多的支持。

聊天不是演讲：别滔滔不绝只说自己

对前面提过的小豪来说，不论是哪种场合，他虽不至于能炒热气氛，但都会尽量能聊就聊，越是朋友摆明给他介绍对象的场合，小豪越是无法承受安静、尴尬的氛围，就会拿出积极聊天的本事，甚至忙着把听过的笑话、故事都说一遍。

然而，不论是过于自信地炫耀自己，还是无法承受尴尬而不断转移话题，都可能是在急着处理自己的焦虑不安。那么焦虑的源头是什么？对小豪来说，他已经认定自己会失败，觉得约会的时间特别难熬，才想尽办法让时间过得快一点。换个角度思考，既然是注定失败的相亲，为何还需要这么努力地营造气氛呢？

基本礼貌很重要：对方说话时，用表情传达在乎

小祯自知不擅长聊天，所以在人前经常紧张而低头不语。她认为既然人际互动能力不可能速成，那就接受自己文静内向的特点，只要提醒自己注意聆听对方的聊天和分享，过程中放松且专心，表情自然会帮忙表现自己的感受或想法。例如：听对方说话时会自然地点头，听到好笑的故事会跟着想笑，听到特别的故事时会有惊讶的感觉跟表情……这样的表达，其实就会跟对方同步，也传达了在乎对方的善意。

维持愉快的心情：让人放松，对方就愿意亲近

其实小祯跟小豪不必陷入紧张或无望的情绪中，完全可以让自己维持平常生活中的平静或轻松，把眼前的场合当成一场纯粹的聚会，无须过于期待。或许也可以先准备一些开心的事情，留到约会中双方沉默时分享。所以，最好平常就多留意一些让人感到舒服愉快的新闻或故事，一方面可以拿来分享，一方面也能让自己保持愉快的心情、展现放松的表情，这样的状态，就能让人感觉安心、放松、想亲近。

对人好奇感兴趣：探问细节，表现自己想听更多

对小豪来说，要提醒自己把注意力放在对方身上，对新朋友感到好奇，礼貌地邀请对方发言，让自己开始回应话题、提出问题等。但这些对小祯来说，就相对比较困难。

若你的状况和小祯相似，相较于表达和沟通，听别人说话对你来说可能比较容易，那么，你只要聆听别人的分享就好，不需要急着想自己有没有类似的经验故事，只需要显露好奇的眼神或语气，对方就会继续说更多，这其实是很简单的，对吧？在听别人分享时，让自己自然地跟着故事脉络前进，偶尔提出问题，一旦对方响应提问，你就可以回到轻松不费力的状态，根本不需要焦虑。

带感情响应对方：给予理解或肯定等正面回馈

除了表达好奇以外，如果你愿意多做一点，就是给新朋友一些善意的响应，除了倾听之外，还可以这样做：当听到对方说出开心的生活片段，甚至炫耀自己时，就送给对方一些肯定和鼓励，比如略显夸张地说："你也太厉害了吧！""听起来太棒了！"当听到对方说出较自我否定的片段，可以回应"这很正常，每个人都会这样"等，传达出理解的态度，就像送给了对方一份善意的礼物。

有来有往的交流：分享自己的经验、感受或想法

紧张的小祯比较容易成为"话题终结者"，但如果可以初步做到前面提醒的放松状态，或许渐渐就能简短地分享自己类似的经验、感受或想法。只要能提醒自己"不需要完美表达，更不需要说出完整的故事，只是借此响应对方的分享。在还来不及想到要问什么问题时，先简短地说出自己当下想到的"，也算是另外一种把话题再交给对方的方式；再者，在你讲得不够全面时，对方会好奇而开始提问，那就这样一问一答也不错，其实有来有往

的交流没有这么恐怖和困难。

虽然有人戏称上述沟通互动方法是"教科书版"，觉得它们太刻意、太理想化。但在人际互动的初期，彼此间仍是"毫无关系的状态"的时候，善用上述法则，自然地表达对于互动对象的在乎，在聊天中也将重点放在给予对方正向响应上，确实能适时增加他人对自己的好印象。若能多加练习，内化成为自己的习惯之后，你就能具备与人愉快相处的重要能力，有更高的人际吸引力！

约会总是无疾而终？
——谈爱情里自以为是的自信

杨瑞玉

曾经，有位女性朋友跟我抱怨男性友人，她说："我都已经告诉他我什么时候有空了，他都没有接话说要约我……他究竟是不是真心想交女友？怎么都没有后续动作？"

后来我通过其他朋友询问那位"男性友人"，得到的回答是："我当然想交女朋友了，虽然她的外表跟条件不错，但是并不代表我一定会想追她呀！"

其实，会让人心动的原因，不只是外表及条件，更重要的是"相处互动时的气氛与感觉"。

破坏初期约会气氛的大忌

· 用平常工作的穿着打扮来赴约。

· 过于随性肤浅、不够真诚的社交反应。

· 一直只做简短响应,等待对方多说一些。

· 询问对方具体的工作收入等重要信息。

· 好奇对方上一段感情如何结束。

以上互动情况,都很可能破坏约会初期的气氛,而更深入去看,会发现这里头隐含了几点"自以为是的自信"。

自信一:自以为真诚坦率,无视任何的社交礼仪

的确,这样的人个性真诚坦率,不想用不实包装吸引异性,但像这样很有效率地安排下班后的时间,维持着上班时的穿着、言谈互动像是在进行商务会面,尽管能表现出你多年工作的经验与自信,却严重破坏了约会的气氛。

自信二:为了良好的生活质量,直接探问对方的经济实力

努力工作、花时间经营感情,当然都是为了更高的生活质量,没有理由给自己的未来生活找麻烦,但用如此粗糙、明显的方式

来评估约会对象绝对不合适。过于直接地询问对方的工作内容、收入、出国旅游频率、消费习惯等，会让对方在还没有对你产生好感之前，就先感觉到压迫感，也很容易因此选择敷衍回应，甚至说谎。

自信三：直接坦白自己的优缺点，以及最在意的伴侣毛病

如果是在购物的情境下，确实可以把每件商品的生产地、重量、价格等信息列清楚，供购买者比较后选购。可是，人不是商品，不需要把自己当作商品说明清楚，而且对方也不会因此立即"下单"。另外，这样的坦白过程，对于一个不清楚故事背景的听众来说，比较容易浮现的反而是"这个人会不会很难相处"的第一印象。

自信四：无视隐私，希望彼此坦白过往感情失败的原因

相信会这样问的人一定是不想再受伤，所以才想知道彼此的个性是否会造成互相伤害。但在约会初期讨论这些话题，除了煞风景之外，还容易破坏约会气氛，让彼此产生不愉快的体验，也容易因为注意到了对方的问题和缺点，从而更难产生再次约会的念头。

自信五：以结婚为前提，讨论未来生活的可能性

对彼此陌生的两个人而言，若是讨论未来一起生活的经济问题，甚至生养小孩的可能性，即使抱着以结婚为前提的认真态度，也未免言之过早。婚姻虽然不见得是爱情的坟墓，但这样的话题确实会在爱情萌芽之前直接将之连根拔起。能够接受在第一时间摊牌并认真讨论这个话题的人，或许是真的把"结婚、成家、生子"当成任务来完成的，但任务的完成往往并不等于真心的投入。

"自我"准备好了，也需要为"对方"做准备

或许这样的表现，只是出自过去不愉快的经历，所以你已经准备好说清楚、讲明白，不再浪费彼此的时间；又或许你相当有自信，可以承受被对方拒绝，也不会因此而否定自己、怀疑自己的魅力与价值。但这样讲求效率，往往无法营造约会初期双方所期待的愉快氛围，更别说会降低对于下次见面的期待感。如此自信的你，既然自身已经准备好面对未来的生活，不妨先将注意力放在对方身上。

对方需要从穿着中感受到被重视

虽然电影《全民情敌》的主角使尽全力刻意训练，却因为在

约会互动中的偶然出糗使得女主角心动，但别忽略，这些出糗可都出现在盛装打扮、精心安排的过程中。有两性互动研究指出，面对陌生对象，人们通常会在一分钟内判断是否被对方吸引。所以，首次碰面的第一分钟，可能发生在任何沟通表达还没开始之前，因此，你只来得及借助穿着打扮展现自己对约会的重视，争取再次互动的机会。这第一分钟，也是给自己评估对方的时间，以及对未来选择的权利。

对方需要轻松的开始

最近网络上有个相亲笑话，提到两人初次碰面，女生积极问男生是否有房、有车、有钱，男生则细数自己的房产、现金及股票，女生开始好奇男生的工作，问他："你是做什么的？"男生幽幽地回答："做梦的。"

不论想谈恋爱的心情有多急切，都要注意互动的态度与原则，因为这往往是对方判断你的第一印象。一开始就急于探问个人隐私，甚而着重评估工作、经济能力，很容易让人误会你只在乎经济条件而感到反感；或是因不愿意接受被身家调查的尴尬，而拒绝表达、不说真话；甚至会迁怒于你，认定你是只在乎外在条件的势利对象。这样一来，岂不得不偿失？

对方需要凭借共同点来产生好感

请将相亲或联谊视为一般的人际互动。人际互动有其自然的历程，人们会对于有共同点的对象产生好感，例如同乡、校友、有共同的朋友的人、有类似的休闲兴趣爱好的人等，只要符合这些条件，都有可能快速拉近与他人的距离。但是如果一开始急于说明自己的好恶，除了展现出对于感情对象的条件论外，也可能导致对方因为害怕自己跟你的期待有很大的落差而打退堂鼓，甚至会因此产生反感而断送交往机会。

对方需要先对你产生足够好感

邀请对方交代过去情史及未来规划，或许能帮助你评估对象的适合性，但往往会在第一次约会后，就断送了未来可能的机会。第一次约会，重点在于引发对方的好奇与好感，才有可能提升之后互动约会的可能性。因此，重点不在于快速评估对方，而在于自然展现吸引对方的优点与特质，倾听理解对方表达的内容，这些才是评估对象是否合适的指标。初期约会重要的是共同营造愉快的气氛，需要轻松自然的相处、丰富有趣的对话，才会让人想要继续深入认识，期待下次的会面。因此，暂且放下过度的自信，把焦点放在对方身上，让彼此愿意用更多的时间认识对方，至少先共度一段愉快的相处时光，再评估彼此是否合适吧！

我真的是爱情绝缘体吗？
——谈依附关系的疏离与断裂

吴姵莹

"所以你从来没交过男朋友吗？"我惊讶地问着。

朋友摇摇头，有点腼腆地说："真没想到我在感情这一块交了白卷。"

"都没有人跟你示好过吗？"我不放弃地继续问着。朋友皱起眉头想了想："嗯……好像有，但真的很少，而且我也觉得没可能。"

朋友的人生走过约莫半个世纪，谈起情感这件事，原先坦然自在的成熟女性，却变成了一个局促不安的单纯女孩，我看着看着也错乱了。

"你感受得到别人对你好吗？"我职业病上身地追问着。"我觉得大家都对我很好呀！"她像是听不懂问题一样回答我。

"不，我说的是有情感成分的好，你嗅得到别人对你有好感，想要与你有更多亲密联结的那种'好'吗？"我更具体地发问。

"哎呀，你们这些年轻人，你在说什么啦！什么亲不亲密，真是……随缘不就好了吗？干吗想这么多呢？"她立刻显得害羞不自在，打哈哈转移话题。

你是否蒙骗着自己

其实，没有爱情的单身生活当然可以过得很好，但差别在于"你是否蒙骗着自己"：你是真心地认为单身很好，感情的事随缘，等待老天的眷顾就好；还是会不自觉地怨怼老天没有为你准备好缘分，让你做一个"孤家寡人"？

其实，有时不是老天没有为你准备缘分，而是你的"情感接收器"出了问题。在情感初始的发展阶段，彼此之间会有很多试探和示好，但问题是你自己身上的"接收器"是否打开了，愿意去接收他人对你发出的邀请和联结，愿意响应对方，而让感情有机会在彼此的互动中交织出更深刻的网，这时就不是"随缘"了，而是"尝试经营"。

当你的"情感接收器"坏掉时，你可能感受不到他人渴望与你联结的那份心意，甚至你在接收过程中所产生的"焦虑"，这些都会影响你对彼此关系的准确判断。这些焦虑包括：我真的值得有人喜欢吗？他真的只对我一个人示好吗？这会不会只是一场空？……这些念头会影响你接收他人的信息，或者让你过度或错误地解读这段人际关系，导致最后应验你所相信的念头。

让"情感接收器"坏掉的三个层面

所谓"接收器坏掉"有很多潜藏的因素，它包括三个层面，这三个层面也是你看待自己、对方以及双方关系的方式。在多数的情况下，这三个方面都是负面的，比如：

第一，你看待关系的方式，让你觉得关系沉重而不想接受关系。可能父母间的相处方式在你脑海里产生了负面的感受，比如经常争执不休、对立等，从而让你总认为情侣之间的关系是不可靠的。

第二，你看待伴侣的方式，让你觉得可能的伴侣都不值得相信而推开对方。可能过往异性父母的行为或人格特质，不是让人安心或感觉安全的状态，而让你总认为伴侣是不可信的。

第三，你看待自己的方式，让你觉得没有人会真心爱你。可能你没有被好好爱过，或者在成长中你没有稳定的自我价值感，以至于你感受不到爱，也相信自己不值得被爱。

以上几点可以帮助你好好检视自己，究竟怎么"接收爱"以及怎么"看待爱"，可是要想更深入地了解为什么会习惯性地拒绝爱，就要检视我们与童年时期照顾者的依附关系了。因为，成年爱恋关系的困难，与童年依附关系的疏离和断裂有关。

"情感接收器"坏掉的深层成因：依附疏离与依附断裂

接下来介绍两种状态与两种成因，还有两种解法，帮助你逐步摆脱爱情绝缘体的状态。

依附疏离带来的空白人际经验

这是指长时间缺乏互动与人际刺激，导致孩子难以跟人互动，这些人的脸部表情经常是呆板或贫乏的，很可能在他们的成长过程中，照顾者经常面无表情，或者太过忙碌无法跟他们对话，使他们少了很多语言刺激。当缺乏刺激时，他们在跟人互动上，就难以观察人际线索、理解人的表情，以及解读对话当中隐含的讯息，因此社会化的过程特别困难，常常会形成他人眼中"莫名其妙"或"搞不清状况"的人，因为在社交上有一些约定俗成的细节，需要从家庭教育中获得。

一旦这样挫折的人际经验多了，也容易产生自己是个"不够好"或"常惹人不开心"的人的感觉。

这其实是因为成长过程中与照顾者关系过于疏离，最基本的爱与关注不够，从而影响了个体去与人靠近并产生正向情感联结。试想，从小就有人不断环绕在你身边，每次你笑了，他们就跟着有开心的反应，这会形成一种正向情感联结，当你与人亲近时自然就知道会有这些反应；但当你小时候缺乏关系与情绪联结经验，疏离人际模式就会不断在生活中发生。

如果你觉得自己也有类似的情形，一定会问，那该怎么办？

空白的人际经验，其实就像是初生婴儿一直没有被好好爱与关注的依附伤痛一样，而你可以帮自己实践"二十一天爱自己练习"，每天给出一个爱自己的理由，把自己当作初生的小婴儿一样，找回曾经没有得到的爱。这是一个说起来容易、做起来困难的方法，因为你需要面对自己，你可能在自己身上贴有很多标签或对自己感到厌恶，这也是为什么要练习实践爱自己，要有意识地将自己当成刚出生、对世界充满未知的婴孩，练习重新给自己爱，由内建立与自己的正向情感联结，去取代无爱经历的记忆。

依附断裂带来的伤痛人际经验

这个类型的人也许早期跟照顾者有很好的互动，但可能经历了与照顾者分离的痛苦,却没有在伤痛中被安抚和疗愈,因为当孩子经历"关系断裂"时,伤痛与失落感会强烈到令孩子难以再靠近或信任任何人,宁愿不再有任何亲近的关系来避免自己受伤。

常见的例子像是:被隔代照顾的孩子,从依附祖父母到被送回亲生父母家,这种分离经历与安全感来源转换,会带给孩子很强的恐惧感和失落感,若父母这时不能理解孩子,那么断裂的伤痛就容易一直存留在孩子心中,也会导致他难以跟亲生父母产生安全的关系联结,也就是无法好好爱父母与信任父母。或者另一种情形是,经历父母激烈的离婚,被迫要选择父母当中的一人,并且无法跟父母中的另一位往来,这种依附断裂的经验也可能是其中的因素。

承受了断裂带来的伤痛后,若孩子一直没机会去学习面对关系的分离,则容易烙下对关系结束或分离的恐惧感,害怕真正去依赖或亲近他人。

如果你意识到你有过类似的分离与断裂经验,导致你很难与人亲近时,你可以试着帮助自己回到童年的经验上。看到过去那个愿意去爱、去相信别人的小孩,去肯定他,去心疼受伤的他,重新检视那段伤心失落的分离,同时与童年的自己对话,告诉自己那是一段回不去的时光,而现在的你依旧可以选择过好生活,告诉自己："是的 分离很痛苦，但分离与失落都在教我们学会好好珍惜当下.珍惜身旁的人。"

当过往难以忍受的分离，变得可以忍受，或变得云淡风轻时，就意味着你有能力忍受爱的离开，也就有能力去拥抱爱与被爱了。

以上两种依附关系的疏离与断裂经验，很容易形成我们对情感联结、关系相处与自我价值的看法，在伤痛的经验里，更容易因为难过失落的情绪，或者匮乏无助的感受，而强化你对情感世界的看法。当你可以检视自己的感情观，正视自己的感受时，就能再度帮助自己打开爱的雷达了。

总是在等待，无法主动出击？
——谈被拒绝与被排除的恐惧

吴姵莹

　　"我绝对不会主动对任何人示好""我要再考验他一阵子，才能确定他是真正适合我的人"，你常有这种想法吗？在情感里总是被动，等着别人来靠近你？又或是，习惯等对方先付出，确认对方足够爱自己后才决定要进入关系？

　　在我实际工作的观察中，我发现这样推拒爱情或非常被动的情形，其实源自对情感的两大恐惧："被拒绝"的恐惧，以及"被排除"的恐惧。

爱情里的"被拒绝恐惧"

　　有些人难以接受他人的拒绝，特别是自尊心不强的人，或者是自尊心非常强的人。

　　每个人的自尊水平是不同的，同一个人在不同时期的自尊水平也是不同的，比如虽然有些人自尊水平较高，但是在遇到某些情况（如：第一次失恋、第一次被严词拒绝）时仍会产生自我怀疑，不过这种自我怀疑并不会持续太久。我们都知道无论是在亲密关系、普通人际关系还是咨询关系中，自尊心太强并不是什么好事。因为一个人自尊心强、控制欲强，就需要很多外在的配合和证明，来相信自己是好的、对的，当你需要改变他人和环境来配合自己的时候，已经说明你本身是没有自信的了。

　　因为自尊心强，不能让人看见脆弱或不够好的地方，其实也是因为害怕暴露自己的缺点之后被拒绝，很怕谈到自己的事情，尤其是私密、负面的事情，如缺点或过去的伤痛。你担心对方如果认识真正的你，就会转身离开，所以你习惯保持距离以确保安全。

　　害怕被拒绝的原因可能在于，你早期在寻求他人的支持和肯定时，曾被对你而言很重要的人（significant other）[①]拒绝，而在那一刻你感受到自己没有价值，或者你学会了从他人对你需求的

---

① 美国心理学家哈利·苏利文（Harry S. Sullivan）于 1953 年提出的概念，指对个人的生活中极具重要性、对其社会化与人格形成有强烈影响的人，可能是父母、师长、其他长辈，或是同辈的手足、朋友等。

反应来判定自己的价值，因此特别难去表达内心真正的感受，因为你同时也无法面对被拒绝后羞愧的自己。

这种被拒绝的恐惧反映在生活中，也能带给你很多优点，比如你可能很独立，因为你认为你不能依靠他人，否则会觉得丢脸，所以你说服自己——你只能靠自己，一定要做到最好。但你可能忽略的是，情感的联结有时候是一种展现脆弱的联结，适时地需要被帮助，或者表达心里真正的感受，包括渴望、需求、思念、情感，都是一种脆弱的展现，这些表达正传递一股与对方深化关系的可能，而不是只停留在表面的友谊。关系可以越来越亲近，但也是在一次一次、一点一滴的表达中，慢慢建立起来的。

爱情里的"被排除恐惧"

有许多在人际交往中较为退缩或倾向讨好的人，往往在学生时期经历过被排挤或霸凌的事情。爱利克·艾瑞克森（Eric H. Erickson）在心理社会发展论中（psycho - social development）提到：青少年时期是发展自我认同的重要阶段，在此阶段需要通过团体归属去发展自我，去认知自己可以归属于哪一个团体，而在这时有过被排挤经历的孩子，容易发展出对自己的否定与强烈的怀疑，而很可能产生这样的心境：

"我真的够好吗？""如果我够好，为什么没人要跟我在一起？"若在那个成群结队的学生阶段，你是独来独往的，或者你要加入任何群体都是被拒绝或嘲笑的，会让你对自己有强烈的厌恶感和羞愧感，因为你除了失去联结感、归属感，更失去了与人同盟的价值感，以及他人对自己的尊重，除了内心孤单外，也在他人排挤自己的过程中，跟着想要拒绝或放弃自己。

被排挤可能不只发生在学校，在家庭中也可能发生，例如：在重男轻女的家庭，作为女儿你总是看见家人围绕着哥哥或弟弟，你的需求或价值经常被忽视，甚至被拒绝。当家人认为你的需求并不重要时，就会带给你被家族排挤的感受，也会使你不论在人际关系，还是在情感关系里，都容易觉得自己会被排拒在外，因而在经营关系时格外小心。

当然，这些特质是有优势的，它可能让你很会察言观色，擅长讨好别人，但也可能使你的警觉系统过度敏感，特别容易放大他人不满意或不喜欢的讯息，以至于在面对关系时格外彷徨。

调整与疗愈内心里的两大恐惧

这些恐惧，可能都源自你内在已经成形的自我设定，在对自己的层次上，觉得自己是不会被爱的；在对关系的层次上，觉得关系都具有一定程度的伤害性，无论什么关系到最后都会失去。也因对此的深信不疑，会让你宁愿按兵不动，也不要再次受到伤害。

因此，你会发现两种常见的情绪——恐惧感和羞愧感，而这两种情绪有时候不一定会被明确地意识到，却能非常有效地阻止一个人去追寻和满足自己爱与被爱的渴望。

你再仔细想想，其实前面提到的"被拒绝"与"被排除"的恐惧，都源于你曾经有过的经历，进而想象他人的行为反应所产生的恐惧；更深入地去看，则是你无法承受他人的行为反应，以及想象后续他人看待自己的眼光，因此这是一种"他人会怎么看待我"的羞愧感，根源还是回到你自己身上，因为你不够认可自己，需要他人给自己积极的回应，因此在被拒绝与被排挤后，你会更加无法接受自己，所以恐惧与羞愧是密不可分的。

既然如此，你就要自我疗愈，也要学会调节情绪。这里提供两种方式帮助你疗愈与调整自己。

通过正向话语改变自己的内在设定

如果你就像前面所说的有负面自我设定的倾向，那表示你已经对自己重复了千万遍这些负面语言，形成对自己的信念和诅咒。

因此你必须开始练习正面语言，让正面语言成为你未来人生的信条，建立对自己、对关系的信心。你可以练习的正面话语有："我是值得被爱的""我可以拥有幸福""我有能力经营关系"。每当你踌躇不前时，就是拿出这些话鼓励自己的时候了。

如果你认为意识和语言的改变很困难，那意味着你内心受伤的那个孩子还没有真正被重视和疗愈，那个孩子并不是你喜欢的样子，既然你不喜欢他，就很难相信他真的可以被爱。

疗愈你的内在小孩

要练习疗愈自己，就要用心靠近你一直很难接受的"内在小孩"。你可以思考，当你被拒绝或被排挤的时候，你希望有一个温暖的人会对你说些什么。"想象疗愈"就是通过想象画面与情境在自己身上发生来疗愈自己。

在拥抱内在小孩的过程里，你可以先设定情境，接着进行想象疗愈，与画面中的自己对话或拥抱：你可以想象小时候被拒绝或被排除在外的情境，并在脑海中想象当时的自己，包括穿着、模样、表情等，接着你可以想象一个温暖的大人，也可以想象现在成年并且更加成熟的自己，看向这个孩子，对他微笑，上前拥抱他。

　　想象之所以具有疗愈性，其实是因为你为自己创造了"矫正性情绪经验"，也就是你创造了与以往不同的氛围去面对你难受的情绪，并非用过往的方式面对。也许你过往在此情境中充满忧虑与恐慌，而你的应对方式是不知所措或回避，又或是厌恶地否定自己，而在此时，通过想象疗愈，你就在帮自己开发新的经验与拓展新的应对方式，同时提升你对情绪的弹性与包容力，并学会接受难受的情绪。当这些过往难以忍受的状态现在变得可以忍受时，你心里就会出现平静与安定的感受，当这份安定的经验发生后，你再看向当时的场景，就会出现不同的感觉，接下来你面对情感的各种可能也就会有不同的感受了。

停不下约会与换伴？
——谈爱情里的承诺恐惧症

吴姵莹

曾经在一场演讲中，有一个女孩举手发问，她说："我有一个很要好的男性友人，很喜欢用交友软件约会，我一直想阻止他这么做，因为我觉得这是不值得提倡的行为，因此我想问问您，身为心理咨询师，您怎么看待这件事？"

我当时做了这样的回答："会不断约会又不愿意定下来，除了他曾经在情感中可能有深刻的创伤外，还可能是因为他感觉到'爱是令人窒息的'。"

对于游戏人间的眷恋，无法停下约会与不断更换伴侣的风气，我相信在这个"快餐恋情"如此流行的年代，会让很多人感觉困惑或困扰。网络与 App 交友，能打破空间藩篱，更让人轻易地跨越不同的生活圈、人际圈，去触及生活中不容易有交集的对象，同时网络交友提供的便利性、匿名性与隐私感，还有陌生又新奇的刺激感，让越来越多的人喜欢通过网络交友来寻觅对象。

但这些网络发达带来的交友便捷，真的是促成不断和不同伴侣约会风气的主因吗？相信还是会有人主张"想换伴侣就换伴侣，想稳定就选择稳定"这样的论调，那我们就来谈谈究竟是什么心理因素让人选择进入这种类型的伴侣关系模式。

只要激情与亲密，不要承诺的心理因素

爱情存在让人兴奋的功能，在罗伯特·史坦伯格（Robert J. Sternberg）的爱情三元论（triangular theory of love）中，提到爱情需具备激情、亲密与承诺，才是完整又完美的爱情。激情是爱情中的情欲成分，是情绪上的着迷；亲密是指在爱情关系中能够使人感到温暖的体验；承诺指维持关系的期许或担保。然而，这种"三元素结合的爱情形式"不在这些人寻求的范围里，他们看似追求新鲜感，只渴望亲密与激情，却在恋爱的感受消退后，立刻转向他人，其实是在避免有一天落到需要付出承诺的境地。

爱与被爱除了成为彼此情感的依靠外，还需要容纳对彼此的期待。感觉"爱情令人窒息"的人，往往经历过大量被索求或无力给予的状态，例如：有情绪激动、需要他们照顾的家人，或过

度关注且对他们期待过高的家人，使他们逐渐感受到"爱是很大的负担"。因此他们宁愿自己的感情处于一种不稳定的状态，也不要给出任何承诺，不要承担任何期待。与此同时他们又需要情感中的亲密，于是转而寻求身体上的亲密，而无法真正跟人产生心灵上的亲密感，因为当关系进入心灵上的亲密，意味着将心交付出去，同时也意味着"我赋予你权利来伤害我"。因为我想要依赖你、我需要你，而你也可以这样来要求我。很可能正是过往被过度要求，以至于在他们心灵深处会相信，关系成立后就是负担的开始，自然想要逃离真正的关系。

一个花花公子的养成

接着我们来探讨男性的状态。如果你是男性，又是他人口中的花花公子，那究竟是哪些心理因素导致了这种关系习惯呢？

通过性与伴侣的数量展现权力

有些人的确喜欢在朋友面前炫耀自己的性能力或性伴侣的数量，但这些数值与性经验往往展现了个人自尊与自我价值感不够稳定，需要通过性爱的外显行为来取得征服感、成就感与权力感。所以越是在生活中感觉失衡的人，也就是感觉有很多事情无法掌控的人，越需要这份权力感，例如：在工作上不顺遂、财务上不够自由，或者有高控制欲的家人的人。

可是你也许会说："不对呀！我看到很多'海王'有车、有房，该有的都有了，他们又是怎么回事呢？"这里说的其实是"心理上感觉失控"，而且不一定是指现在的生活，也可能是过往的生活，就如同你会看到有些已经非常有钱的人，依旧存在金钱焦虑，需要通过不停赚大钱让自己安心，这是相似的心理感受。所以他可能小时候被同学嘲笑不够有男子气概、有较多女性朋友，而不见得受男性友人的欢迎，或是曾经身材或外表被排挤，都有可能在心中留下阴影，而必须借由同样是身体上的征服来赢回面子与尊严。

文化与教育中的重男轻女现象

男性在家族中往往获得较多的关注或关爱，其实这有助于一个孩子自我的养成，有助于他成为有自信的大人。但如果这发生在不健康的家庭中，就另当别论了。所谓不健康的家庭最常见的模式是，父母彼此并不亲密，在彼此身上无法获得夫妻间支持与合作的力量，所以转而将这份情感需求投注在儿子身上，而小男孩承接了太多来自母亲的爱。当母亲对父亲的付出无法换回父亲爱的回应时，母亲更会将全部的心力转向对孩子付出，但这份付出后来也会转变为期待，包括对孩子孝顺与服从，以及带来光荣和成就的日常表现的期待。因而小男孩在爱里会感到窒息和恐惧，担心自己无法回应父母的爱，也就是无法承受对方的失望，进而选择不真正投入感情，以便让自己感到安全。

一个玩咖女的由来

你可能会想问，为什么有些女性也不想要稳定的两性关系？是什么促成了她们游戏人间的态度呢？

对父母婚姻状态的逆反

这种逆反对当事人而言，会产生很大的心理矛盾。一方面看见父母婚姻里一夫一妻的稳定感，一方面又看见一生守着一个人，同时守在压抑又痛苦的婚姻中，而在内心出现不同的声音，选择与家人不同的关系形态，过着不愿意对伴侣低头、臣服的生活，更不愿意真正交托出自己的心，不希望受制于人，或者在感情中有苦守或输了的感觉。

长期扮演家族中的乖女儿

我曾经看过一本书里面描述这样的状态："当一个孩子经历过强制性的照顾，在被过度关注与索取爱的过程中，让他们的灵魂被夹疼了，这种强制性照顾的后遗症，让他们处在爱里会再次充满疼痛感。"这段文字很传神地描绘出被众星拱月以及被小心翼翼呵护的孩子，生活里难以言喻的痛苦。自由与自主原本是孩子探索世界中必经的过程，有的孩子却在父母的过度关注与担心恐惧里，不能自由地探索世界。例如：想要交朋友，想跟同学出去逛街，却被父母限制，只能在家当乖孩子。这样的教育限制会带来两种可能性，一种就像前面说到的，去爱与被爱会产生窒息和束缚感，每当与人太靠近就会唤醒童年的疼痛感，所以宁愿选择没有承诺的关系，或避免进入亲密的关系中。

一种则是自由的缺乏带来了禁忌感，而性解放也是一种从未经历过的打破禁忌的方式，除了与以往像是监牢般受困感的生活有极大反差外，穿梭在不同的人之间也不用承受他人承诺或期待的压力。

所以简单地说，这群游戏人间的人，也许真有小部分想要玩弄他人感情，把曾经感受过的痛苦传递到他人身上；但对更多人来说，他们感到爱本身是一个沉重的负担，而避免自己进入那样的状态，却因为需要亲密感，转而寻求身体的亲密而非心理和生活上的亲密。

然而当你了解了这些，并不意味着你就能够拯救那个无法安定的灵魂，只有他们本身被夹疼的灵魂自发地、有意识地疗愈与清醒，才有可能发生改变。

如何从承诺恐惧中复原

如果你身上有这种承诺恐惧的情形，该怎么办呢？其实最重要的，是要能够直视你深藏在内心的恐惧，而这些恐惧有的是害怕再回到过去被夹疼的情境里无法脱身，有的则是害怕承受他人的期待以及他人的失望。

第一个练习：照顾被压迫的内在小孩

当感受到压迫与窒息，去分辨自己是被过往的经历影响，还是对方的行为造成的，这对在初期想要稳定下来的人来说，会有困惑，有时候我们需要身旁几个重要的朋友当我们的镜子，给予我们这个状态的反馈来厘清困惑。然而当你知道自己会担忧害怕，你可以帮助自己回到童年那个被困住的孩子身边，好好去与孩子对话，安抚与照顾他，带他离开被压迫与害怕的状态，开始告诉自己，你已经长大，有能力照顾好自己，面对情感可以练习去真诚地说出感受和需求，当你有能力安抚自己面对情感的恐惧，你就能帮自己在感情中安心了。

第二个练习：勇敢迎向他人的需求与内心的脆弱

在关系中的期待有时候是一般人觉得稀松平常的事，例如："晚上有时间一起聊天""下班时记得打电话告诉我"。但这种看似平常的问候与交流，对这类人而言是很大的负担，因为他们过往经历里有很多"怎么做都不够"的无助和脆弱感。当你现在希望拥有稳定与亲密的情感时，就需要让自己安定地接受他人的期待，只做自己能够做到的那些，超乎能力的部分则跟对方沟通。

同时，你还要勇敢面对自己的脆弱。你可能害怕，在告诉对方过往在情感中被伤害的经历后，对方会拿这个当把柄威胁你，你就彻底输了。但感情中并没有所谓赢家和输家，感情向来只有真诚与否。若你愿意诚实面对自己，向对方真诚地袒露自己，对方却没有珍视你的真诚，那也只是对方的选择，跟你本身有无价值无关，不需要去鄙夷这样坦然的自己。

在一起后再慢慢培养感情？
——谈心理距离如何影响关系品质

王雅涵

　　刚上大学的男孩小杰兴冲冲地跟我提道："我刚刚跟一个学妹在一起了！"

　　我一脸惊讶地问道："是你上次跟我提到的那个吗？原来你们已经这么熟了！"

　　他浅笑了一下回答："哈哈！对啊，但是我们其实并不熟！"

　　我脑中顿时出现问号，并且问他说："不熟怎么会在一起呢？"小杰回答："她说她对我有好感，我之前觉得，认识没多久就在一起好像太快了，但后来想想这个女生似乎还不错，所以就答应跟她交往了。严格说起来，这次算是我跟她告白噢！"

　　这是小杰第一次谈恋爱，受到学妹青睐的他很开心，却不知道要如何跟学妹相处，对他来说，好像多了一个身份，就要为学

51

妹多做点什么，但到底应该多做点什么呢？小杰自己也不太清楚，于是他告诉自己，反正在一起后再慢慢培养感情吧！

然而，这段感情最后很快就无疾而终，问题好像出在这个大学男孩跟学妹之间的"不熟"。可是，难道彼此不太熟悉的两个人就不能谈恋爱吗？感情难道不能慢慢培养吗？

支持者这样说：

"以前的时代，大多数人是靠相亲或媒人介绍而结婚的，没有任何感情基础，就步入了婚姻，组成了家庭，他们不也过得好好的？甚至子孙满堂呢！所以只要有心，关系是可以慢慢培养的。"

"试了才会知道呀！虽然不熟时在一起会有点尴尬，但太熟了反而会变得很像家人，没有恋爱的感觉，所以如果还算聊得来，就快点在一起吧！除了有恋爱的感觉，也可以避免对方被别人追走而后悔莫及。"

"现在很流行交网友呀！网络上认识的人，背景环境什么的都不一样，要熟悉对方本来就需要花很长时间，好在跟网友交往没什么包袱，分手了不会尴尬，也不会影响本来的生活圈。"

反对者这样说："跟一个不熟的人突然变得亲密，这也太奇怪了吧！好歹也要从朋友先做起，多多认识，觉得对方值得付出，才能好好珍惜这份关系呀！"

"谈恋爱是要负责任的，不是为了找一个人陪，也不是为了面子，而是为了找到可以一起走人生路的人，太轻率地决定交往，到时候连朋友都做不成，还搞得很尴尬，岂不是很麻烦吗？"

"虽然我相信有一见钟情，就像电影里面常演的，一时天雷勾动地火的感觉，好像很浪漫，但如果是真爱，就值得等待呀！一起经历过一些事情后再在一起，这份爱情会更加坚固。"

听起来双方都很有道理，首先，让我们将这问题回归到自己的身上来看看，问自己："我是为了什么，而想要进入一段关系？"

有些人是"宁缺毋滥"，想先准备好自己，然后遇到最适合的人；有些人则是"宁滥毋缺"，不喜欢独自一人的感觉，觉得身边有个人陪没什么不好，所以不断地去尝试新的关系。

有些人是为了不想被身边的长辈们唠叨，不想和身边的朋友们比较，又或者是享受被他人告白的胜利感，凸显自己的优越价值，所以可以接受和一个不熟的人交往。我甚至听过一个说法是："反正要另外找一个对象也很麻烦，不熟也没什么，只要不讨厌就好。"

我相信如果可以，人们都希望可以有一段充满爱与安全感的稳定关系，其实，关系的基础在于"自己"，别轻易地为了身边的家人朋友，而进入一段关系，你需要的是"学习为自己负责任与做决定"。

前面谈到的小杰，其实是个较没有自信的人，内向、被动、不知道如何与异性相处，他渴望能够经营一段关系，但内心深处有一个信念是"我不值得被爱"，因而对他来说，被喜欢的感觉是很美好的，在许多次被告白的经历中，小杰享受着被他人喜欢的美好感觉，所以即便两人不熟也答应交往，但因为没有准备好对自己及对一段关系负责任就进入关系了，因而交往后不知道如何与对方相处，这样的关系比较不稳定，到头来又再次验证了"我不值得被爱"这个想法。我们很难明确什么叫作"已经准备好进入一段关系"，但你可以问问自己："我是为了什么而进入关系的？我是否能为自己的决定负责？"这将是在做出交往抉择前的重要思考。

导致关系不稳定的背后原因

我们的生活总是和人有关，从路边的路人、早餐店的老板、同学、同事，到家人、朋友和情人，你和每个人的关系都有着不同的距离，而距离包含了"生理距离"和"心理距离"。生理上的距离，就像你跟好朋友见面可以自然地拥抱，跟职场上的同事则会礼貌性地握手；心理上的距离，是你会在内心评定这个人和你的关系，以至于你知道该和这个人吐露多少关于自我的事，或是对这个人付出多少心力，而关系越好的人，对你身心的影响也越大。

但很多时候，关系中的两人对彼此关系的定义不一样，也许一方认为交往后我们需要更加亲密，而另一方却觉得现在这样的付出已经足够了。当然也可能是，其实我们不太懂得自己和他人之间关系的距离，而不自觉地过分对人付出，或是付出的方式没有让对方产生专属于自己的感觉，造成关系中的不安全感。因此，"两人对彼此关系的定义不同"，以及"不懂自己和他人的关系距离"这两种情况，都很可能导致关系不稳定。

然而，一个不熟悉的人其实是在关系距离的外圈，亲密的恋爱对象却是在关系距离的最内圈，所以"和不熟的人在一起"会是一个很大的跨越。

小杰说："多了男朋友的身份，我是不是应该多做些什么？"我会说："其实你真正要看见的，不是'应该'做些什么，而是你'想'为这份关系付出些什么，你想怎样拉近两人的心理距离，而不是徒有一个关系的名分而已。"

当然，即使我们在恋爱中，最重要的仍是"和自己的关系"，更精确地说是"和自己的心理距离"，别轻易地因为感情而失去了自我,在关系中我们会有很多的改变,但唯一不变的,就是自己和自己的关系。所以接下来需要谈谈,我们可以如何培养一段从不熟到稳定的感情呢?

让关系不熟到稳定的三个步骤

厘清彼此对于关系的定义

当我们从不熟的朋友变为男女朋友时,到底发生了怎样的改变?我们对于这个新的身份有什么期待吗?对于对方和其他人的关系互动有什么界限吗?当我们清楚地向对方提出自己的想法,并且沟通彼此对于关系的定义,便可减少模糊的不安全感,让我们加深对彼此的了解,而稳定彼此的关系。

为拉近心理距离加倍努力

不熟和亲密这两种心理距离差距很大,它绝对不是在交往之后就能瞬间拉近的,所以比起本来就已经熟悉的两人,双方必须一起为培养关系加倍地努力,花更多的时间和心力去了解对方、创造共同经验,在许多的交集互动中让彼此的心更靠近。其中最重要的是,因为从看见对方的"初步印象"(可能是较为客套有礼的形象)到接受"真实状况"(可能是较随性的说话方式)的时间较短，所以你除了慢慢展现自己真实的一面，也要尽量接受对方有不完美的地方，而心理的距离也会在看见"真实"和"不完美"中渐渐地缩短。

经营自己和自己的关系

经营一段关系需要有许多付出，但在付出的同时也会得到许多，所以人们都期待能够拥有一段稳定的感情，而稳定感情的钥匙其实是在自己手里的！一段健康的关系，来自我们能自在地做自己，如果我们是为了他人的期待而交往，为了另一半而失去自我，最后会让自己和自己的关系疏远，进而使我们无法享受亲密关系带来的快乐，且会拉远自己和对方的心理距离。

最后，我想和你说，无论熟不熟，我们都在彼此磨合中成长。我们不断地与不同的人群相处，不断地和他人建立关系，也不断地拿捏和他人在生理、心理上的距离，无论与恋爱对象熟悉与否，都要靠着双方彼此的磨合来持续下去，磨合生活习惯，磨合价值观与共识，磨合彼此对未来的想法。无论结果如何，只要我们把问题回归到自我去反思，对于关系的长久都会有所帮助。

他对我到底是什么感觉？
——谈爱情里的暧昧与焦虑

杨瑞玉

　　小如对小霍说："看朋友谈恋爱好幸福，我也好想谈恋爱！"

　　小霍开玩笑说："你能找到对象吗？哪个男生这么倒霉，你别害人吧？"

　　小如不平地回道："什么害人，我有那么差吗？"

　　小霍夸张地调侃："你根本就是个男人好吗？谁会想把你当成女朋友啊！"

　　从高中就认识的小如跟小霍，即使考入了不同的大学，彼此的联络也没断过，多年的情谊在彼此间产生了熟悉与默契，相处总是轻松愉快，即使互相开几句玩笑也无伤大雅。小如在大学看到同学谈恋爱时的幸福洋溢，当然也想尝试恋爱的滋味，但是因为同学们都知道小霍和她关系很好，也都当小如早就名花有主，自然很少有人找小如搭讪或追求她。

后来,兼职时认识的同事似乎打算追求小如,不断向小如示好,表达关心,接送她等,这时小如开始乱了方寸,不知道同事是否真的在追求自己,担心是自己想太多。同时也顾虑要不要告诉小霍,想要先试探一下小霍的心意,但又担心小霍没有追求她的念头,最后反而尴尬,做不成朋友。她还犹豫,如果没有明确回应同事,是否会被误会?这些复杂的思绪让小如相当烦乱,开始找闺蜜讨论,甚至问男同学、老师、心理师,问到了很多建议,却依然不知道该怎么做好。

焦虑是暧昧时期的沉重负担

当处于焦虑时,你一定会需要"确定的答案"跟"被认同的声音",因此容易出现反复思考或找人讨论等行为,期待能找到缓解焦虑的方法。而在一切处于不确定的感情初期,若处于焦虑情绪中,常会出现下列状况:

· 急于分析判断心仪或暧昧对象的言行举动代表的意义。

· 在互动中尝试根据"军师"的建议表现或提问。

· 当对方出现善意或靠近讯号时,往往过度解读而心花怒放。

·当对方出现模糊或不积极讯号时，担心被拒绝的尴尬，就先放弃。

我们经常连今晚吃什么都难以决定，又怎么能够期待不够熟悉的对方，快速决定喜不喜欢一个人呢？在互动初期，过多的焦虑往往会阻碍流畅的互动，让气氛变得紧张，而急于确认的压迫感，更容易让对方选择回到原点，这时你可能又会更加焦虑：本来明明互动得很频繁，为什么现在却"已读不回"？本来应该持续升温的关系，为什么反而觉得冷淡了？

另外，焦虑也容易在暧昧期间让对方产生负面的印象，可能使对方产生你没有自信、人际关系不佳、未来会过于黏腻、可能是不好照顾或安抚的情人等印象。这些印象一旦产生，就需要花更多力气才能让对方认识真正的你。

错觉还是直觉：我们真的在暧昧关系中吗

要化解上述焦虑，首先必须冷静地思考彼此的关系，毕竟人生三大错觉之一就是"他喜欢我"。暧昧是非常难以定义的状态，每个人心中对暧昧的认知也不同，但或多或少有个客观性的标准可以参考，这时你不妨把两人互动的几个元素都列出来思考，遵循"冷静评估原则"的两个要点。

思考自己跟对方的互动，尝试从对方角度描述自己

这里可以评估的几个互动元素包括：

· 频繁度：对方主动跟你联系的频率大概多高？

· 对话深度：对方是否曾经跟你吐露私事或心事？

· 持续时间：你们维持这样的关系已经多久了？

· 与其他异性的关系：你们的关系是否影响到跟其他异性的互动关系？（例如前面例子中的小如，因为和小霍过从甚密让其他人不敢追求。）

· 对争执或冲突的处理：若有意见不合，对方是否有极度希望修复关系的表现？

· 外界的观感：在别人眼中你们的互动是否算得上暧昧？

避免过度美化对方的一言一行，从事实层面进行分析

在暧昧时期，可能难免会因为几句开玩笑的"挖苦"，或有暗示性的"撩"人手法而小鹿乱撞，却忘记从根本上去评估这个人到底适不适合自己，所以不管暧昧的时候如何互动，都还是要记得从这个人的本质和性格去思考,避免做出令自己懊悔的选择。

让暧昧升温，让朋友不只是朋友的原则

　　介于朋友和情人的关系之间，该如何让扑朔迷离的暧昧顺利升温，让朋友不再只是朋友？这时候你可以掌握以下两个原则：

自我觉察原则

　　·整理自己关于情感关系的过往经历与目前的期待。

　　·思考自己是否顾忌太远，已经评估着跟谁过一辈子比较适合，而没有把目光放在当前的这个人与这段关系上。

　　·观察自己的焦虑是如何干扰自己，使自己无法在这段关系中怡然自得的。

循序渐进原则

　　·此原则的目标为"创造观察对方的机会"。

　　·可以先提及生活因为这段关系而产生的变化，进而描述自己的想法，借此观察暧昧对象的反应。

　　·可运用假设性、不确定的语句，或通过朋友提问，说出最近对于两人关系的不确定感，并凭借着对方的回答评估其心意。

在不确定的关系里掌握主导权

当情感关系涉及未来且有复杂的不确定性时，最容易触发焦虑的情绪反应，而这些焦虑情绪往往都是因为想得太过于遥远，例如还没交往就思考，办公室恋情分手一定很麻烦，等等，这些可能都会让萌芽的暧昧毁于一旦。你不妨：

·尝试活在当下，不要设想太遥远的未来。

·自然地对对方提出询问，不需要完全掌握对话过程，去了解真实的对方。

·稳定个人情绪，设定关于这场暧昧的止损点。

·设定好止损点后，勇敢冒险，为自己踏出明确的一步，才不会让自己后悔。

§ 明明获得了梦寐以求的关系，

§ 却总是对对方的一举一动充满了不确定，

§ 甚至认为这些暗示着不够在乎与不够爱。

§ 这些出于不安全感的索求与争执，

§ 要如何才不会扼杀了得来不易的幸福？

第二章

从交往到争执：置身关系时的忐忑

总遇不到对我好的另一半？
——谈爱情里的自我价值

吴姵莹

　　你是否经常被身旁的人说："你怎么又遇到渣男／渣女了？""你怎么就是渣男／渣女收割机呢？"而你也经常心想："为什么我总遇不到对我好的另一半？我也希望能从苦恋当中脱离啊！"那么，你必须帮自己透彻地理解你的恋爱模式和恋爱史。

　　你之所以会吸引到这类的伴侣，背后的心理因素之一，其实是对关系的依赖性过高，也许你在一个人时可以很独立地把工作做好，但很可能在早期的经历中，你一直是家中的照顾者，通过照顾他人来感受到自己的价值，所以你专挑需要被照顾的、看起来弱势的或者有很多现实问题的人来照顾、来付出，一方面让自己在关系中看起来是比较强势、厉害的一方；另一方面是你觉得这样的人比较好掌控，因为对方必须要依赖你的意见、能力等。这种不对等的照顾关系，其实就是一种互相依存关系。

而诡异的是，共依存关系往往是一种"一方像父母，一方像小孩"的固定人际模式，也就是弱势者是需要被照顾的"小孩"，强势者是提供照料的"父母"，陷入苦恋的伴侣需要这种不对等的照顾关系，来证明自己被需要，才能感觉到安定和安全，因此当弱势伴侣变得有能力时，强势的一方对弱势者失去兴趣，两人关系就可能瓦解。

你可能非常在意自己是否被别人需要，也需要当救赎者，经常同情心爆发，无法对他人弃之不顾，也经常觉得对方没有自己不行，你并不是本着助人为快乐之本的心态，而是不帮别人就无法得到内心的平静，进而将帮助别人变成了支配别人，连生活上琐碎的事都要掌控。然而，正因为你这么需要被人需要，也常常将自己的问题摆在最后，忙碌于拯救别人的生活，而忽略且隐藏真实的自己，你才不会被人发现内心的空洞与低落的价值。

将自己的价值建立在对人付出之上

你也许不曾感受到自己的存在是美好的，因此依赖他人的存在来证明自己的付出是有价值的，所以你不妨自问：你真的爱这个人吗？还是你爱的是可以为对方付出的感觉，爱的是被需要的感觉，因为这种感受让你自我感觉良好？

有多高的自我价值，就会吸引到相同程度的伴侣

你可能会反对这种说法，觉得是自身的条件限制等种种原因，使你没有太多选择，只能选到旁人眼中的渣男或渣女。但现在，我想请你闭上眼睛想象你的梦中情人微笑着走向你，这时你的心里会想些什么呢？你会想着"天哪！也太开心了""老天爷真是眷顾我"这类的肯定话语吗？还是会想起"怎么可能！他是骗子吧！他一定没有看起来那么好""我怎么可能配得上他？我高攀不上啊"这类自我怀疑或否定语句呢？

所以，如果真的容易吸引渣男／渣女，很可能就是因为你内心里存在着这些"自我挫败的想法"——我不可能，我没资格，我不值得。这很可能是很早就在内心里种下的，并且这些对话形成了你对自己的诅咒，正因如此，"遇到对自己不好的另一半"就是这份自我诅咒的应验，这让你的外在跟内在世界对应，让你彻头彻尾觉得自己不值得。

幸福上限假说

当不开心、不快乐成为你生活的常态，幸福快乐就会是非常态，因此当你感觉幸福快乐时，这种不熟悉反而会让你感觉慌乱，甚至会自我诅咒，认为自己没资格享受和拥有这种幸福，或者你会感受到强烈的不安，不确定自己什么时候会失去幸福，有时候还会为了拥有更多控制感而去破坏幸福。

最常见的状况是，有时候你苦恼于另一半找不到工作，或有个改不掉的坏习惯，你一直努力帮他，为他分忧解难，也让你耗费很多心力，使你深感困扰。而当有一天你的另一半终于醒悟，改过自新，或者努力向上，戒除掉某些恶习，让你顿时感到雨过天晴，以为你们就要迈向幸福时，你却突然感到内心空洞，因为肩上的重担卸除的同时，似乎你为人付出的价值感也蒸发了，你变得无力与对方一起迈向幸福，无力再对彼此的关系负责。

所以你的自我诅咒其实很难让你进入平等的关系中，当另一半真正为生命负责，也开始有能力付出时，你反而是那个无法接受他人的爱的人，因为你一直为自己安排着"永恒照顾者"的角色。尽管天平两端不断失衡，却满足你内心渴望被需要，甚至是比伴侣稍微厉害一点的虚荣感和安全感。

而另一种现象则是，若你从小习惯看见不快乐的婚姻，即便内心渴望幸福快乐，那种回到不快乐环境的习惯却驱动着你做出破坏性行为。例如：有些人在幸福里感觉不安，就会有一种"他会不会离开我"的恐惧，而无法去跟另一半沟通不安的感受，反而自己先做出出轨的行为，或开始向外发展关系，成为自身关系的真正杀手。

你可以问问自己：我可以允许自己幸福吗？如果我的父母并不幸福，我是否有可能从他们的经验和痛苦里脱离出来，去过真正属于我的人生，而不是通过复制不快乐的关系来表达我的忠诚和孝顺？

看到这里，你会发现，爱情其实是你内在的延伸，你不会吸引到你"想要"的，而是你"需要"的。也就是你需要不断"遇到对你不好的伴侣"，来满足"你表达对父母的忠诚感"的愿望、满足"身为照顾者的需求"，或是实现"内在的自我诅咒"，其实就是为了将想法与现实结合起来。

但如果现在你希望对自己更诚实，正视自己的渴望，照顾自己的感受，准备去好好体会爱和接受爱，那么你就要帮自己"修正内在信念"。

修正内在信念

我不是别人的照顾者，我是我

帮助自己从照顾者身份中脱离出来，练习对自己的内在小孩说话，谢谢他过往这么用心卖力地付出、照顾他人，或者去承接家人的责任和情绪，而不敢去享受，甚至只是好好照顾自己也很困难，包括让自己休息或给自己空间。

我无须承袭父母的情感状态，我可以创造渴望的情感状态

与父母的关系和状态设立界限，很多人在幸福里会有罪恶感，因而下意识地选择不会让自己幸福的人，或者觉得自己没资格拥有比父母更多的幸福。

我要为我的内在诅咒负责，而我有能力调整内在信念

成年之后，我们不用再去责怪什么人、什么事造成我们的现状，因为我们都具有选择权，包括我们的信念，因此承认现在在你身上的信念，并时时关注它的出没，当它再次出现时不用责备自己，而是正视自己的想法，并对自己说："我发现我又觉得自己没有资格了，没有关系，我们在这么努力之后，是有资格拥有

的！"重要的是，帮自己停下原有的负面想法，安抚心情，然后支持与信任自己。

最后要提醒的是，罗马不是一天建成的，你的信念、习性亦然，所以要陪着自己耐心地经历这个过程，不断认识与改变自己，最终帮自己找回价值，拥抱人生，享受幸福！

精挑细选还是选错人？
——谈爱情里的异性父母意象投射

吴姵莹

你说："他是一个有主见、有才华又很幽默风趣的人，而且我刚认识他时，有种好像认识很久、很熟悉的感觉，也很聊得来。当时我心想我们大概是天生一对，而他也真的对我一见钟情，我们很快就在一起了，但最近……"

"怎么啦？"我问。

你接着说："他以前是很愿意跟我沟通、听我说话的，但交往相处一阵子后，我总觉得他希望我听他的，照着他的意思做，根本不尊重我，这样跟我的前男友有什么不同？为什么他们最后都让我失望？"

很多人在关系中经常有这种感受，一开始觉得对方很棒，相处久了却不断扣分，然后不禁怀疑起自己怎么总是找到不够好的另一半。其实人际关系都是我们有意无意地保留下来的，而在亲密关系中有种负面的吸引力法则是：通常会被你留下来并且你愿意跟他不断互动的人，身上都有让你熟悉的特质，有时候他并不一定是你想要的，但你在他身上感受到熟悉感，不论舒服或不舒服。

所以，特别相信感觉的人，真的要特别小心，当你遇上一个人，你就觉得看对眼，但他可能跟你原本理想中的伴侣不一样，有时候某些人会说："他虽然长得不特别好看，却有一种好像已经认识很久的感觉"，那就不妨停下来想一想了。你可以先问自己一个问题：在你与异性父／母的单向互动经验里，若要用三个形容词去描述他／她，你会如何描述？

异性父／母意象的投射

当你的形容词中多为负面表述

有的人会使用"固执的""强势的""冷漠的"等词语来描述异性父／母，这意味着你在亲密关系中，特别容易投射你的愤怒和失望，也容易不自觉地侦测对方的行为，只要对方展现出类似的特质，你会特别敏感与厌恶，其实这些类似行为也同时触发了你内心那个受伤的小孩，因为你曾经有个固执（或强势、冷漠）

的家人，让你深深感受到不被理解，开始产生怨恨，而这个类似特质会形成你对伴侣深刻且负面的记忆点，特别难以抹去。

当你的形容词中多为正面表述

有的人会使用"有智能的""强壮的""有力量的"等词语描述异性父 / 母，这意味着你在亲密关系中，特别容易投射你的期待，并渴望对方以此方式对待你，让你可以回到小时候那种安心无忧的状态，即便你在日常生活中可以独立自主，但你在感情里你仍特别渴望对方强大到能够保护你，却忘了自己早就具备了许多能力。你在情感中特别容易重现那份依赖感，而无法依赖时就特别容易失望，觉得伴侣与父母形成了极大的反差。因此你需要学习的是，看清现实，破除对爱情美丽梦幻的想象，锻炼自我照顾的能力。

异性父 / 母互动中的期望

接下来问自己第二个问题：你所看见异性父 / 母与另一半的互动模式，带给你的感受是什么样的？你眼中的同性父 / 母，在关系中又是什么样的状态和心情呢？

从女性的角度

看到父母间沟通不畅，不知变通又高高在上的父亲与挫败委屈的母亲，你内心可能会形成两种感受：

第一，你继承了母亲在关系中的感受和态度，因此你经常在关系中感觉无能为力，又失败又委屈，换言之，你认同了你母亲在关系中的地位，也许你早就学过沟通技巧，也了解男女平等，但一旦进入亲密关系，你会自动变得不敢去争取在关系中应有的尊重，而复制了父母关系中的位置与心情。

当然，你也有可能是下面这种完全相反的状态。

第二，你发誓不要延续母亲在关系中的弱势地位，因此在关系中努力扭转与改变另一半，希望对方不要跟自己的父亲一样，这样自己就不会像母亲一样在关系中感到挫败委屈。换言之，你认同了母亲在关系中的地位，而开始在关系中表现得强势，害怕被压迫，所以另一半若有一点让你不顺心的地方，就会强制要求对方改变。

然而，这其实是我们所谓未完成的使命，你希望通过修正自己伴侣的行为，或者打败自己的伴侣，让他臣服于你，进而完成小时候你没办法完成的事情——打败父亲，拯救母亲逃脱痛苦的监牢。但你是否考虑过，当你改变了你的伴侣，他还是他吗？还是那个原本吸引了你的人吗？

从男性的角度

如果你有个过度付出又辛劳的母亲，看到父母的相处模式你又是什么感受呢？你有可能出现以下两种不同的反应：

第一，你的感受是"很心疼"，这意味着你较为认同母亲，你会希望可以将母亲从痛苦的状态里救出来，且容易认为女性都是脆弱无助的样子，希望自己去拯救对方或解决对方的烦恼，成为骑士一般的角色，而拯救女性就是你童年未完成的使命，其实你真正渴望拯救的是当时的母亲。因为自己在关系中下意识的行为，让你总是吸引到需要你帮忙，但不一定会感谢你的伴侣。

第二，你的感受是"觉得她自作自受"，这意味着你较为认同父亲，也许你并不认为自己认同父亲，但你可能在行为上容易对女性有较多责备或批评，就算她们做了很多事，你也会觉得她们还是有很多需要改进的地方，因为你往往投射了"是她们不够好"的想象，以优势或强势的姿态去面对伴侣，而导致生活的不顺遂。

改变关系现状的调整方式

如果你希望能够改变关系的现状，可以通过以下三点进行内在调整。

尊重你的父母

尊重他们生命里的选择，更尊重在他们选择之后的痛苦。他们在人生的历程中，处处都是选择，尽管他们有许多无奈和抱怨，但当下他们选择维持婚姻，可能也是对他们而言最佳的选择，或者他们无力承担其他的选择，所以他们要为自己的人生负责，这不是孩子应该负责的事，孩子只需要去爱与尊重自己的父母。

哀悼心中未完成的使命

在这过程中你会感受到很深的失落，好像一件你心底异常渴望的心愿无法实现，但事实是，它可能永远不会实现。如果你用过往学习到的方式去完成它，终究会复制父母关系中的痛苦，也会让愿望落空。若是如此，就让自己好好哀悼吧！哀悼的方式有很多种，而哀悼过程会帮助你释放痛苦和悲伤，也可以带入许多自我暗示。例如，对小时候的自己说："我知道你一直很怨恨父亲欺负母亲，也知道你一直想帮忙，我都看见了，没事了，没帮上忙也没关系，因为这本来就不是你的责任。我们带着这股愤怒和使命长大，现在我们要松开它了。"

带着觉知进入关系

当你在关系中再次感受到那熟悉的使命感、愤怒感或渴望帮忙的焦急感，你要先帮自己停下，回到自己身上。那份非做不可的冲动，其实是关于"我们是不是会被爱着"的不安：如果我不改变你，你是否会用我要的方式爱我？如果我不帮你的忙，你还能不能认可我的存在？因此你必须感受到那股熟悉的情绪，要带着觉知为关系停止不安，去爱那个感到慌乱的自己，才能真正扭转局面，获得你渴望的幸福。

总是需要反复确认他爱我？
——谈爱情里的安全感匮乏

吴姵莹

"如果你爱我，现在就陪我去吃消夜好不好？" "你为什么不陪我去看电影，你真的爱我吗？" "如果他在乎我，为什么经常不回消息呢？"

在关系里，这是你经常问的问题吗？你不懂自己为何这么担心失去，也不懂你怎么这么需要陪伴，更不懂你付出这么多，怎么还是不能肯定对方是爱你的，于是你问了不下数百次："你爱我吗？"并且要更深入地确认："你爱我哪一点？"但你无论如何都很难满意对方的回答，甚至在对方的不耐烦中更加怀疑对方的爱。

你讨厌自己的患得患失，但你控制不了不时查看手机的冲动，害怕失去爱的同时也失去价值。你不懂自己的不安全感为什么这么强，强到总是需要用分手或伤害自己的方式考验对方，或者用大哭、冷战的方式，让对方顺从。然后你开始越来越不安，因为你发现在这些试探、担忧与控制后，对方对你失去耐性，回应越来越慢，也越来越冷淡，你开始深信你不被爱了，因为你再也找不到爱的证明，你多么希望回到当初甜蜜、亲密的状态里。

正是你的不安，创造了你不被爱的证明，即使你不断努力地付出或试图掌控也依然如此。我将用两个层次来说明这种反复确认与安全感匮乏的状态：一个是自体和客体的概念，一个是童年阴影的概念。

自体感发展受阻，以及客体恒存的经验挫折

有非常多人需要反复确认爱是否存在，其实与客体恒存的经验挫折和自体感的发展受阻有关。

什么是客体恒存呢？其实在婴儿的思维发展过程中，婴儿在约八个月到十二个月大时会发展出物体恒存概念，也就是认知上，当他看到眼前的东西不见了的时候，他会开始寻找，因为他思维里已经知道这东西不会无缘无故消失。所以你会发现，婴儿在六个月大的时候，你跟他玩躲猫猫时，他会特别兴奋，因为他觉得这个现象很神奇。而这里我们谈到的客体恒存，则是比较偏

向情绪层次的，当照顾者不在身边时，孩子并不会觉得天崩地裂，因为他相信照顾者会回到自己身边，因此能够安心等待。

所以照顾者与我们之间的关系，会成为我们认识自我与发展安全感很重要的环节，它会塑造我们对外界的看法。照顾者在我们小时候是"全世界"般的存在，而当"全世界"给了我们舒服的感受，除了会让我们感觉安全之外，也会帮助我们认识"我"是好的，让我们整合自我时顺利许多；但是当"全世界"给了我们不舒服的感受，也意味着"我"是不好的，就会产生挫败的体验，阻碍我们整合自我。

因此，"全世界""他者"或"照顾者"等代称，都泛指"客体"的存在，客体就像是一面镜子，在孩童的"自体感"发展上扮演非常重要的角色，如果要让孩子拥有健康的自体感，就要让孩子在逐渐与照顾者分离的过程中认识到："我"跟"他"是分开的，但"我"依旧可以在"他"身上获得安全感。只有这样，孩子才能安心地做自己，在拥有自体感的过程中，也允许他人拥有自体感，清楚人与人的疆界。

当我们的内在需求被好好满足，外在客体对待我们的方式会被我们的自我吸收消化，进而内化成我们自己的心理功能，因而我们能具备成熟的独立性，并且有办法安抚自己。反之，倘若你小时候所处的环境并没有让你感觉安全,或者你成长的许多需求没有被好好满足,就会对外在世界感觉不安,在成年后的关系中,不断用以下三种方式来确认自我的存在:

需要不断被赞赏,感到被肯定

不论在生活里还是情感中,都要不断寻求肯定,也容易为了肯定,而委屈或掏空自己。

需要与人融合,感受到安全与支持

因为缺乏客体恒存的认知,导致你在看不到人时容易感到不安,甚至到了只有在你能全面掌控的状态,才能稍微安心或感觉被爱,但这种与人融合的方式会让伴侣感到窒息。

从一段安全稳定的关系中,获得修复与替代性的安全感

我相信所有人都希望用这种方式来确认自我,期待足够稳定的伴侣或关系,消除自己的不安全感,毕竟前两点非常困难。因此在我此前许多情感咨询的经验里,都是得不到爱的一方一直来问我"怎么改变另一半,让另一半成长",因为他们身上的匮乏感太过强烈,一直渴望别人爱他,因此会将目光执着地放在另一半身上，等着另一半变好之后能更稳定地爱他。

然而，拥有成熟自体感的人会具备以下能力：

· **自尊的调整能力**：不会因为别人的一句话或一个行为而失去自信。

· **能享受生活乐趣**：不需要通过他人来丰富自己的生活。

· **能感受到生命的意义**：不会因为他人的离开就感觉生命变得索然无味。

因此我们要练习"将目光收回自己身上，给自己赞赏和肯定，向内探索自己，与自己在一起"，并且"练习给自己安全和支持的力量"，这样一来，我们就能逐渐成为拥有自体感的成熟个体。

不过，除了婴孩时期这些不可考的记忆外，也可以探索幼年时期我们还记得的事件，看看它们对我们的安全感造成了什么影响。

童年阴影：被抛弃的"内在小孩"事件及情绪激发

现在，请回到你的内心世界，开始去感受你哪里受了伤，是什么让你如此缺乏安全感？你可以通过几个问句问自己：

"为什么怀疑自己没有被爱着？"

"为什么觉得自己要很努力才会被爱？"

"为什么你不相信自己值得被爱？"

请允许自己静下心来，感受这几个问题打在心上的感觉，越是你害怕接触的问题，背后可能有越深刻的答案。这些答案牵引出来的，很可能是曾经有段让你痛彻心扉的情感伤痛，也许是你经常看见母亲牵着哥哥向前走的背影，或者是爸爸跟弟弟一起打棒球，又或者是你经常自己一个人坐在家中走廊，看着天色逐渐变暗的孤单与落寞。

所以，你要帮自己找到那个触发你情绪的关键，可能是"不在""不够""不对"等，而这通常是你帮自己脑补出来的想象，接着让你陷入恐慌，又回到小时候那个"被丢下"的经历里。但因这股"被丢下"的伤痛与恐惧，对孩子而言是巨大且难以排解的。当你长大以后在面对关系时，只要面临相似的场景，比如他人转身离开、突然消失，或发现与身旁的人意见不合，都容易在你心中激活"被丢下"的阴影，让自己陷入伤心与恐惧中，就像小时候那样手足无措。

因此接下来，我们要通过以下几个步骤学会自我安抚：

了解自己的伤痛与不安

究竟是什么事件触发了我们的情绪？被触发的是什么样的情绪？又是什么让你回到小时候那种手足无措的状态？

当你勇敢地看见自己的不安，看见那一幕幕令你心痛或心碎的画面时，请试着让自己停下来，去陪伴自己的伤痛、自己内在的孤单与渴望爱的孩子，去和他说说话，安抚他。你感觉自己越排斥他，就意味着你越需要他人陪伴，越容易创造让你感觉再次被拒绝或受伤的关系，因为人际关系与爱情，向来都是自我关系的延伸。

当我们回过头爱自己，当我们感觉舒适和安定，就会在关系里感觉稳定，就可以给出爱和发自内心的关怀，而不是搜寻爱来填补自己的孤单。

爱，是可以不证自明的。

用冥想呼吸进行深度陪伴

深度陪伴，也就是在面临了伤痛与不安的时刻，跟自己在一起。例如：当你经历"已读不回"，或者情绪被触发时，你可以

跟随这样的引导语:

吸气,我看到我内心的担忧。

呼气,我呼出我内心的担忧。

吸气,我看到我内心的恐惧。

呼气,我呼出我内心的恐惧。

在呼吸间,不断陪伴自己,不断靠近难以忍受的情绪,你就会逐渐增加面对与承受情绪的能力,就能渐渐安抚那个需要反复确认、经常不安的自己了。

另一半没有把我摆在第一位？
——谈需求层次与归属序

吴姵莹

女孩说："男生怎么这样！追求的时候把我当宝，凡事以我为先。追到手之后呢？我根本不如他的游戏、他的朋友啊！"

男孩说："女生才奇怪吧！当朋友的时候，相处起来明明很舒服，谁知道在一起后，越来越需要我陪。我已经花很多时间陪女朋友了，她怎么还是觉得不够？"

有很多人在亲密关系中会感到困惑，为什么对方一开始时热烈追求，事事都围绕着自己，可在一起之后就不像以前那么亲近了，他们甚至以为是不是自己做错了什么事，但跟对方讨论又会被说想太多，只能把许多的疑惑吞下肚，开始设法说服自己不要在意太多，关系发展本来就是如此。

首先，我们需要知道一件事，每个人的生活重心都有自己的序位，在关系尚未定型时，我们多半会花很多心思经营、打理，来确认关系，而当关系定型后，就会让自己回到原先熟悉的序位状态了。所以你会发现，有些人在追求伴侣时很殷勤，在一起后就开始花更多时间在工作、朋友、父母，甚至自己的兴趣上，不自觉将伴侣摆在比较靠后的位置。

为什么男性多数以工作为重呢？又为什么许多人会觉得，女性一开始投入没那么多，但到了关系确定后，反而投入更多？研究显示，导致男女罹患抑郁症的原因有明显的性别差异，男性容易因为成就而抑郁，女性则容易因为关系而忧郁。这个研究除了显示性别与文化期许外，其实也意味着伴侣在投入情感时会有不同的关注度。

亲密与孤独的关系冲突

每一个人都有亲密与孤独的需求，每一个人也都需要在关系中学会独立，才能让关系保有彼此的界限，让爱可以永续。然而，有时候我们会做出越界的事，例如：不允许伴侣拥有自己的时间。或许你会想，彼此相处的时间已经够少了，为什么伴侣想到的却不是花时间跟自己相处？这些亲密需求的差异性，是需要彼此沟通来达成共识的，在亲密与孤独的权衡之间可能会有冲突，但依然可以找到平衡点。当个人的孤独需求被满足后，他才会更有能力去亲近对方。

那么，为什么有些人会特别渴望亲密，在关系中一直难以学会独立呢？这里可以分别从两个性别的童年依附需求匮乏谈起。

男性的童年依附需求匮乏

多数男性在童年时期，若过度介入父母的夫妻关系（例如母亲因为对父亲失望，而将希望转移到儿子身上），会产生自己在关系中被过度索取，甚至被掏空的感觉，因此当在亲密关系中感到被索取、被要求时，他们会想要逃开，以躲避他人对自己的期待，而让伴侣在相处中感觉被冷落。

或者更多的情形是，他们认同的情感依附对象来自原生家庭，故将更多的生活重心摆在自己的父母，尤其是母亲身上，让伴侣感觉自己被排除在亲密关系之外，不仅亲密的需求没有被满足，甚至在婆媳沟通时，男性又站在母亲那一方，这样就使亲密关系产生更大的裂痕。

婆媳问题，或者男性容易在家中隐而不现，或被认为不太参与家庭活动的情况，已经是长久以来的文化现象。除了前面提到的成就导向，以及男主外、女主内的文化影响外，有许多男性的内心会固定在儿子的身份上，不论他们是对原生家庭负责的孝子，还是让原生家庭头痛的不孝子。当这些男性的父母关系不睦，母亲又无法亲近父亲时，母亲就容易将情感需求转移到儿子身上（比例上的确是儿子比较多），因此母亲对男孩有许多的照顾跟呵护，渴望儿子可以回应自己的需求，所以男性的内心容易错乱，而没办法成为一个有能力呵护、照顾伴侣的人，反而像个小男孩般习惯接受照顾。无论这种照顾是来自伴侣还是母亲，在给予回应时，他们都比较习惯回应母亲，而容易对伴侣生气，这很可能是将在母亲那里承受的压力和自我的压抑，转向对自己的伴侣发泄。简单来说，原生家庭不睦而被牵扯进去的男孩，很容易成为"妈宝男"，既然是妈宝男，就容易优先满足自己的需求，而不一定能意识到伴侣的需求。

女性的童年依附需求匮乏

在女性身上较常出现的状况则跟男性完全相反，她们在家中被忽略的情感需求，或隐藏至深的情感，会渴望另一半来满足自己，若经常感觉自己无法从原生家庭得到关注与情感支持，就会特别依赖伴侣，也需要被摆在第一位，或将伴侣摆在第一位，希望获得稳定的亲密感。而她们在关系发展初期，往往需要花一点时间才会真正投入关系，因为害怕自己一旦信任对方，会变得依赖和无助。她们要求自己坚强跟独立自主，不需要依靠任何人，但当进入了自己认可的关系后，女性内心的强烈渴望和情绪就会全数倾倒出来。这也是为什么我经常说："爱情会引发人们隐藏最深的渴望。"

在女性身上，当然也会出现涉入父母情感太深的例子，她们在家庭里常扮演解除危机的角色，但这些人往往在情感上比较被动，也比较难进入亲密关系，即便进入亲密关系，也很容易被家务事缠身，而需要较为轻松简单的爱情，也就是不会让她烦恼不安的爱情。

所以你也许会发现，很可能你们一开始被彼此吸引，往往是看到她对家庭竭力付出的一面，或者她看似与家庭紧密的互动，但这也意味着她可能很难跟家人分离，变得独立，导致她在情感上难以投入过多的心力。

马斯洛的需求层次，与我们生命中的归属顺序

可是，为何我们会被他们与家庭的联结吸引呢？或许有些人会被热衷工作的人吸引，在一起之后却发现自己总是被摆在对方的工作、朋友、家人之后。

亚伯拉罕·马斯洛（Abraham Maslow）在其需求层次理论中，就提及了爱与归属以及自尊的需求。在真实案例中，我们也可以看到许多人在情感当中，除了渴望伴侣的陪伴和照顾之外，也可能渴望"基于在原生家庭里爱与归属的匮乏，而希望另一半补足自己对家庭归属的需求"，或者有时候喜欢的根本就是"对方跟家人互动时那种属于家庭的热闹与温馨"，那其实是爱情的附加价值。

如何提高关系适应力

了解了对于爱情的需求与追求之后，最后我们来谈可以如何帮助自己，在这段亲密与孤独的拉锯战中保持平衡，也就是"如何提高关系适应力"。

深刻理解自己的情感需求，并愿意表达出来

假如你就是喜欢那个跟家人相处很亲近的他，也希望自己融入这个家庭，成为其中的一分子；或者你曾因在家庭中经历的伤痛，产生了对亲密关系的渴望，那么这些能不能也让对方知道呢？比如你可以温柔地告诉对方："小时候我爸爸总是忙着工作，每次想跟他讲话，我都很怕吵到他、让他生气，所以每次看到你忙

着加班时，我都很犹豫，也很担心是否能找你。在这种情况下，你会希望我完全不要打扰你吗？还是当你不能被打扰的时候，可以先告诉我呢？"

共同讨论如何照顾彼此的需求，营造高质量的相处时光

伴侣不能没有共识和联结，不论如何理解彼此，都还是要能照顾到彼此的需求。我们不可能一直给予伴侣极高的关注，因为那会让人发疯，所以共同讨论"如何做能够让彼此好好相处，且给对方高质量的陪伴"是很重要的。

在亲密相处中，其实只要有五分钟到十分钟的高质量对话与相处，就可以有很高的关系满意度，因此共同讨论"如何守护这段珍贵的时间"非常重要，可能只是吃饱饭到附近公园散步谈心，或是吃饭时收起手机专心聊天，都可能对提升关系有很大的帮助。但当你发现你的需求远大于这个数值时，你要做的就是下面这点了。

学会在关系中独处

我相信有人会说："如果还是自己一个人，我干吗要这段关系？"这种想法就是将伴侣视为"自己孤单时就要找得到人"的对象,若你是因为想要被陪伴而进入关系,反而更要开始练习学会自我陪伴,也就是当你有情绪时能学会照顾自己,每天花点时间陪自己整理与反思一天发生的事情,给予自己肯定和支持,并寻找其他自己喜欢或感兴趣的事物,为此投入一定精力。渐渐地你会发现越来越能掌握自己生活的重心,关注点就不会一直放在感情上了。

禁不起伴侣提出自己的想法？
——谈关系里的防卫与攻击

吴姵莹

杰克因为跟女友的相处困扰来找我谈话。"我其实越来越不知道怎么跟我女朋友相处了，有时候我只是提出我对事情的看法，她就会很生气，觉得我在控制她……"杰克表情无奈地说着，"然后我就要停下来安抚她，劝她不要生气，结果我们根本无法沟通，因为最后只能顺着她的意思走。"

杰克的口吻带着沮丧和怨气，似乎已经在相处中忍让了很久。

"你知道吗？有时候我只是问一句：'你为什么要这样跟你妈妈说话？'她就能跟我冷战一整天，我真的快疯了！"他不可置信地说着，"其实我可以理解，她跟她妈妈关系一直很紧张，经常不接她妈的电话，也常跟我抱怨她妈，可是我又能帮上什么忙呢？就算不过问她妈的事情，有时候我可能只是跟她说：'你上次说要去吃的餐厅，订位了吗？'她也会觉得我在控制她、催促她，我真的很难理解她的想法，她的反应让我感觉像一只刺猬，甚至我觉得是不是必须等她批准的时候才能跟她说话……"

杰克聊着他与女友的相处，为两人陷入困境的关系感觉困扰不已，也让我想聊聊关于"刺猬孩子"的故事。

刺猬孩子的受伤童年

当一个人从小感受到自我意识受到限制时，他们在孩提时期可能有个过度担心、控制欲强、难以信任孩子的长辈，更常见的是很需要通过"父职"或"母职"来彰显自己价值的父亲或母亲，容易对孩子的言行和思想加以限制，要求孩子照他的意思走。有的孩子会对此习以为常，敢怒不敢言，选择在亲子关系中当个乖孩子，在亲密关系中也多半是顺从的角色。但有的孩子对这种"限制"或"控制"感到愤怒，在亲子关系中就会有很多冲撞，直到父母拿他没辙。

当孩子的抗争让大人停止控制，对孩子来说可谓松了一口气；但如果亲子关系自此都没有修复而变得疏远时，便会让刺猬孩子特别容易意识到"关系中不和谐"的张力。进入亲密关系中，一旦在相处中感觉不被支持，就会重燃在家庭中的愤怒感。

当刺猬孩子进入亲密关系

所谓"关系中的不和谐"，可能是与伴侣的意见不一致，或者是感受到自己的行为和思想不被支持时，他会再次陷入小时候被控制的情境，使他在关系里必须像过往在家庭里那样，大力捍卫自己的思想和行为，拒绝身旁的人所给的任何意见。

然后这受伤的刺猬孩子，就会被贴上"固执""难以沟通""脾气差""任性""防卫心重""刺猬"等标签，但其实他们内在是多么孤单与害怕，害怕自己被他人控制，无法自由呼吸的痛苦，也害怕自己被他人拒绝否定后的无价值感，其实他们渴望自由、尊重与平等，渴望可以随心所欲地说出自己的想法而不会被否决，渴望被当成一个独立个体被尊重，而不是大人的附属品，更不是思想的傀儡或达成梦想的"工具人"，要去实现大人做不到的事情，去替代大人弥补遗憾等，他们只想要拥有自己的声音和主权，却没想到争取的路途上充满了荆棘。说穿了，他们并没有学会通过沟通去争取自由，而一直重复使用防卫与攻击的方式来捍卫自我意识和自我价值。

你是受伤的刺猬吗?

如果你经常在"控制"这件事上与周围的人奋战,这里想邀请你好好感受"控制",也好好感受自己在内心里筑起的高墙。请先问自己:

· 对于他人试图左右你的思绪,你会特别敏感吗?

· 对于与自己不同的声音和意见,你会特别在乎吗?

· 对于别人与你站在同一阵线,你会特别渴望吗?

· 对于持不同意见的人,你总是特别反感吗?

如果你有这些感受,很有可能你也是个刺猬孩子,偶尔会用开放的心态包装自己,但骨子里一点都不想听进别人的想法,因为这些对你而言都是"控制"。

也许你曾经反省过,不希望自己总是跟伴侣针锋相对,也期待跟伴侣可以好好沟通,但你防卫与攻击的本能已经阻碍你亲近所爱的人,或者你为了避免伤害到对方,而下意识地将对方推开,反倒产生了更多嫌隙。

拥抱刺针内部那个柔软脆弱的自己

你可以好好回顾自己生命中那个不断被拒绝和压制的孩子，那个萌生了自我意识，想要按自己的想法做事的孩子，面临处处的限制和担忧，在每一次被喝止时内心受伤的感受，夹杂着不被信任和尊重的难堪，使你对自己的质疑又多添了一分。为了避免自由再次受到侵犯，你开始在心里筑起一道道防护墙，并在侦测到不同于自己的声音时，以猛烈的炮火去反击。

练习去抚慰内心受伤的孩子，正视他的存在、他曾经受到的委屈、曾经需要听命于人的无助和无奈，并将他从中解放出来，告诉他，其实你愿意练习保护自己和捍卫自己的声音，不用总是过度防卫或与他人冲撞，带来关系中的两败俱伤。

你可以开始告诉自己："你一直没有被好好理解，这样的感觉一定很孤单也很难过，如今我们不用再经历这份孤单和难过了！你很努力地在保护自己的感受与自由，我都看见了，谢谢你为自己这么用力地争取，现在我们已经长大了，除非我们愿意，否则没有人可以控制我们。当你遇见不开心或不舒服的状态时，我会先理解你、安抚你，当这股不舒服平复后，你也能平静地听懂别人的话。你要记得，你是被爱着的，而我也会爱着你。"

当你与他人之间一直隔着一层摩擦和张力时，你会怀疑自己是否被爱着，甚至你也不一定能爱着经常与人不睦的自己，所以根本的解决方式就是：在能够自己察觉后，有意识地自我调整与人互动的方式。

另一半是刺猬时，该如何自处与相处

如果你的另一半经常有刺猬般的反应，关系中势必常有摩擦和张力，你很容易因为对方的防卫与攻击而受到刺激，或觉得打仗打得有点挫败，这时也许你可以回到内心去思考，你是不是真的懂对方？同时当然也要问，你够不够懂自己？是什么让你被对方的防卫与攻击刺伤？接下来，你可以这样做：

看懂对方的行为，将行为与你的价值分离

对方在关系中的防卫与攻击，有时候是他内心的投射，更是他对他脆弱自我的保护。而你需要反思的则是，自己是否害怕被拒绝、被推开？还是害怕被指责、被嘲讽？在这些担忧里，可能有未知的自己，你都可以回到自己身上去重新理解，当你深刻理解后，就有能力去分开对方的行为与你的价值，不会被他的行为牵着走，而变得否定自己。

看见对方的内在小孩，学会疼惜他

试着静下心来，剥开伴侣层层的保护壳与外部的尖刺，看到他内心的柔软与脆弱，他的刺猬行为就能变得更好理解，虽然理解不代表无穷尽地原谅，但至少你知道并不是因为你做错了什么，而是他为了保护柔软的内心，真的不得不竖起尖刺。

为爱设立界限

如果关系一直处在冲突与摩擦状态，势必消耗你在关系中的爱，当越爱越痛苦时，你自然会想要离开关系。若希望继续保有在关系中的热情，你需要学会为关系设界限。

第一步：说出感受。例如："亲爱的，我想我们的关系需要讨论一下，我一直都很在乎你，但我觉得我们之间总是不停产生摩擦，当我的心意被你误解时，我其实觉得很难过。所以我希望我们能一起讨论可以怎么彼此调整。"坦白地陈述对于关系的困扰，以及你想要讨论和达成共识的事情。

第二步：说出界限。说出自己可以跟不可以接受的。例如："如果这段关系变得连说话都要战战兢兢，这样真的很累，而我也没办法一直处在备战状态，我很希望我们相处时是轻松且能彼此相信的。下次再有这样的情况出现时，你觉得我们可以怎么做？"

第三步：达成共识。找到彼此的通关密语或关键词，去提醒彼此"发作"时该如何保护关系。例如："你现在好像有点'紧张'！"或者"你现在需要我抱你一下吗？"

设立界限的目的是避免关系中令人不断产生痛苦的情况持续发生，为消耗性的关系设停损点，提醒彼此回到对关系的平衡与爱里，而不是停留在关系的伤害中。无论你是刺猬孩子本身，还是刺猬孩子的伴侣，在抚慰与理解后，都会更有能力支持自己与对方，成为那个为自己、为他人卸下心防的人，更自在地去感受爱与被爱。

为什么个性互补却吵个不停？
——谈爱情里的共生渴望与缺乏弹性

林佳慧

　　"我是这么重视效率的人，真不知当初怎么会跟他在一起！"

　　姗姗无法理解地说："刚开始在工作上，觉得阿默的沉稳和我的冲劲真是天作之合，这个互补帮了我不少忙，但相处久了，我才发现他并不是稳重，而是他根本就是个不慌不忙的慢性子！"姗姗越说越生气，深呼吸后接着说，"我叫他倒个垃圾，垃圾车音乐都在耳边了，他还慢吞吞的，还跟我说：'我已经很快了，不急，车还远呢。'远？难道是我听错了吗？真是气死我了！乘车、看电影、参加朋友聚会都是这样，他不知道万一错过了再等，有多浪费时间吗？不只这样，他还很不爱干净，东西放得乱七八糟、地板脏得要命都无所谓，还有下班后常打游戏、很少学习，完全不思进取！"说到这里，姗姗仿佛快气炸了。

"唉，我们真的太不一样了，这些不一样让我们一直吵、一直吵，越来越频繁地吵架，我真是受够了!"她长长地叹了一口气，无奈地说，"为什么我们如此不同? 我该怎么跟他相处? 还是说我应该找个和自己个性相像，而不是互补的人?"

他是我的 missing piece

每个人都是独一无二的，我们拥有独特的人格特质、性向、能力、擅长领域、偏好的生活形态等，同时拥有不同的限制，而与我们互补的另一半，犹如我们生命中的 missing piece——失落的一角，我们会很自然地好奇、受吸引，欣赏他身上我们所没有的特质或能力，会想和他靠近，这常能使我们感觉到丰富、圆满，好像生命中所缺失的那一角变得完整。因此，我们时常选择与自己互补的另一半。

接着，交往时间久了，双方有更多层面的接触，我们对他越来越熟悉，也发现两人之间越来越多的不同，可是我们发现，有些时候真的很难欣赏这些不同，我们非常讶异，为什么原先使两人相互吸引的不同，如今却成了争吵的主因? 也可能我们会和姗姗一样，对这些差异感到生气、抓狂，开始批评、指责、攻击对方，甚至怀疑，如此不同的两个人，真的可以携手一生吗? 会不会两人的开始就是个错误？

攻击，源于想拉对方和自己"共生"

我们每个人的独特之处，都极可能蕴含着家庭的影子，且在我们成长的文化中，存在着非常强烈的"共生"文化，也就是对我们所爱的人，因为爱他、希望他好，我们常会竭尽所能地借由言语和行为，告诉他怎么样才是对的、有利的，帮助他可以越来越好，就像姗姗的父亲教导她"提早准备、有效率、高行动力"是重要的，阿默的父母则教育他"个性稳重、不拘小节、适度放松"才是成大事的态度。而当我们进到亲密关系中，看似是两个人在交往，实际上更像是六个人在谈恋爱，爱情中的两人，各自带着彼此背后的家庭文化进入这段关系里与对方互动。

正因为家庭对人的影响很深，我们分分秒秒都呈现着家庭留在我们身上的影子，所以强拉着另一半和自己共生，便意味着将发起亲密关系中的一阵枪林弹雨。当你指着对方说你怎么这样、怎么那样的时候，你已经在拉对方和自己共生了，当你努力地告诉他这样才对、这样才好时，你已经站在一个比较高（类似于权威）的位置，踩着对方的自尊，而这种践踏，正是邀请对方防卫和反击的信号，他会告诉你："慢慢来，不需要什么事都慌慌张张的！"你很可能回答说："我哪里慌张？是你在浪费时间！"

如此一来，另一半不仅没能听懂你因爱而生的关心，反而开始互相伤害攻击，两个人都在告诉对方，我这样才对、才好，继续吵着、骂着，你很可能发现，他和他的爸爸或妈妈根本一个样，而若这个想法在情绪驱使下脱口而出，就像是在对方心头划上一刀，同时也把你们的关系摧毁，像是压垮骆驼的最后一根稻草，因为你已深深地伤害到他的根本、他人格中的一部分。

由于教育环境、成长背景的不同，即便你找了和自己个性相似的另一半，也会在更长时间的相处后，看到彼此越来越多的差异，而若你还是习惯拉对方和自己共生，就很可能常常落入相互攻击的争执中。你可能会困惑，我这样是为他好，有什么不对吗？时间管理真的很重要，维持整齐干净不是很基本的习惯吗？我们还这么年轻，用下班后的时间多精进自己，不好吗？

用弹性带来接纳，进而开启合作

亲爱的，上述这些想法都没有不对，也没有不好，只是需要更多的"弹性"。弹性能带来接纳，而接纳能让我们放下自我保护的盾牌、开启合作的可能。那么，究竟弹性从何而来呢？

以情绪为入口，看见彼此的不同

当你感觉到心里有所不满或抱怨，以及因为另一半说的话、做的事，而感到愤怒、着急、失望或难过时，都先停下来，问问自己：我怎么了？我对什么不满意？我气什么、急什么、失落什么？再细细地去想，对方的哪些话语及行为，让我有这么大的情绪反应？

以情绪为入口，去看你和另一半哪里不一样，你的习惯和期待是什么，他的又是什么？情绪是重要的媒介，看见不同是关键的第一步，在厘清和整理你们彼此差异的过程中，你会更清楚你们到底为何而吵，以及彼此想要的分别是什么。

看见差异，尊重并允许差异

你对另一半的指责，常是出于你看待事物的标准，而这个标准也常常就是你对自己的要求，就像姗姗指责阿默慢，其实是在说："在我的标准里，你的动作不够快，我可以这么快速地完成，为什么你不能？"当然，因为他不是你。

看见彼此的不同言，很重要的是：提醒自己，不要强求对方和自己一样！现在你眼前的这个他，很大部分受过去二三十年，甚至更长久的家庭与生命经验影响，身为伴侣的你，想要撼动他的根本、改变他部分的人格，几乎是不可能的任务，而且，即使再亲密，你们依旧是两个独特且独立的个体，你们各自拥有自己的人生，在亲密关系中，另一半不是我们的所有物，你拥有的是两个人之间的联结，一份你们愿意携手、分享彼此人生的共识和承诺，因此，你需要真心地尊重并允许对方按照他想要的样子生活。

练习欣赏你的 missing piece

在姗姗的世界里，有执行力、提早做准备、精确地运用时间是极为重要的习惯，这可能帮助她取得更高的成就，但也可能导致她过分地紧绷；在阿默的世界里，慢慢来也赶得上垃圾车、东西可以找得到就好，而休闲娱乐是生活必需，这可能帮助他拥有更健康的身心平衡，但也很可能导致他错失机会，所以，每个特质都有正负两面，也因此阿默的特质曾深深吸引了姗姗。

互补的另一半是你的 missing piece，他身上拥有你所缺少的特质，而那正是你可以学习的。练习转换角度，从你眼中另一半的"不好"背后，找出"好"的那面，并尝试着欣赏。若能在你自身现有的特质及能力上，加上因欣赏对方而逐渐学习到的，那么你将会是个完整而更有弹性的人。

在欣赏的眼光中创造合作

记得吗？姗姗和阿默在工作上曾有很好的合作，"她的冲和快"带领着"他的稳和慢"，引导着他往哪个方向前进、如何迈步；"他的稳和慢"又拉着"她的冲和快"，提醒着她有哪些可以再多想、多停留、多考虑一点的地方。

差异之中常有许多合作的可能，但因每个人都是如此独特，所以可以如何合作并没有标准答案，这需要两个人商量讨论，并尝试去做，再回头商量讨论，反复修正后再次去实践，这是一趟反复循环的历程，因此，更需要两个人在互相欣赏的眼光中，相互陪伴、提醒和支持，一起创造适合的合作方法。

化攻击为合作

请你试着把自己的情绪当成伙伴，通过情绪去读懂你和另一半的不同，在看懂、读懂后，尊重并允许对方和自己不一样，不再拉他和自己共生，接着，带着这份尊重和允许，试着看见每个不同中的正负两面，练习欣赏，甚至学习他身上你所没有的部分，最后，一起讨论、实践、改正，创造贴近且专属于你们的合作模式。

这将会是一趟充满挑战但值得一试的旅程！相信在这趟旅程

中，你会对自己、对另一半、对你们的关系，有更深入的认识，同时逐渐拥有更多的弹性，更能接纳自己和对方，因而能化攻击为合作。

总看另一半不顺眼？
——谈爱情里的失联恐惧与自我肯定

吴姵莹

　　"他一直都很努力讨我开心，可是有时候我回到家，看到坐在沙发上的他那微凸的啤酒肚，我就一肚子火！"朋友没好气地说，"其实我一直努力说服自己，这么温柔又愿意宠我的男人不多了，不要这么不知足。但我即使跟他交往了这么久，也一直下功夫保持身材，又是瑜伽锻炼，又是生酮饮食，我不懂为什么只是让他去运动，就像要了他的命一样……"

　　朋友约我在咖啡厅聊天，因为周围太安静，所以她压低嗓音抱怨着。

　　"嗯。"伴着薰衣草香，我很想专心享受这在网络上评价很好的咖啡，又要听起来很认真地回应她。

　　"天哪！吴老师，你也这么爱美，你可以想象走在你身旁的另一半是那个邋遢样吗？"朋友们都爱叫我吴老师，我也习惯了，耸耸肩，撇撇嘴，转转眼珠，不想让她把战火烧到我身上，也没有正面回应她。

"唉！我真的很想跟他分手，前两天在他想要吃什么，然后抱怨我都不像以前一样陪他去小酒馆，我都快气死了！我节制饮食这么辛苦，戒酒本来就难，他不陪我就算了，还指责我，我受够了！要不是他够聪明，我真想用'傻胖'来形容他现在的样子！"

我为她倒杯水，顺道把薰衣草移到她面前。"喝口水吧！听说薰衣草可以镇定神经。你辛苦了，乖。"如果再不安抚她，接下来她会继续散发怨气，但我已经在心中叹了很长一口气。

"吴老师，我好烦啊！"朋友满脸哀怨地说，一边靠坐过来，把脸靠在我的手肘上。

"那你想要怎么做呢？"我举起马克杯，晃了晃杯子，依旧淡定地说着。

"我也不知道，他每次做运动都半途而废，如果他保持运动，身材结实，我觉得他就完美了！"她眼神祈求地散发着光芒。

"是吗？"我不以为然地说，定定地看向她，"就完美了吗？"

她散软的身体立刻正襟危坐，拍一下桌子说："是啊！你不觉得很完美吗？"看着她笃定的眼神，我心中升起挫败的感受，我想这正是她伴侣的感受吧！

当你不满意自己，与你有关的人、事、物就都不够好了

对你而言，令人满意的关系是什么样子的呢？你总是忍不住在关系中寻找可以矫正对方的目标吗？在抱怨另一半前，或许你该搞清楚的是，自己内心真正的恐惧。

在关系中有一种诡异的状态是，当你觉得自己是不好的，跟你有关的东西也不会是好的，也就是当关系进展到彼此认定，甚至一种"这是我拥有的"状态时，你就会开始想要对所有物进行改造，但究竟要改造成什么样子才会满意？这永远是个未知数。

可是，我们从来就没有真正拥有过任何人，我们有的就是"关系的联结"而已。因此，当我们将伴侣视为所有物，希望他按照我们的意识去生活时，关系的冲突就会不断发生，痛苦就会持续凌迟彼此，消磨掉让彼此在一起的最初的爱。

种种不满意，来自失联恐惧导致无法自我肯定

亲爱的，你可以问问自己：对方如果不改变，这段关系就不能继续了吗？还是对方不改变你就永无宁日？但又为什么安宁需要奠定在他人的改变上呢？究竟你渴望改变对方的心情是什么？

其实那往往是我们内心深层的恐惧——恐惧失联与失去。这份恐惧导致我们无法自我肯定，而无法自我肯定使我们总看见、关注在自己"不够好"的地方，且当我们看向另一半时，也总会看得见对方"不完美"的方面，或者一直看向自己或他人没有的地方，不断与外界比较，同时不断批评与指责自己和亲密的人。

多数中国女性在家族中成长的经历，可能或多或少给她们带来情感中的伤痛，她们身上不一定有家族的期待，但常有怕被忘记、被忽略的恐惧：如果我不做什么或不听话，是不是我消失了也无所谓？我需要付出很多来证明自己的价值，但其实我心底很难相信自己是被爱着的。

失去对自己的相信与肯定，有时候使你沦为身边重要的人差遣和使唤的对象，而有时候则使你在关系中不断挑剔，要求自己要努力变得更完美，甚至试图矫正另一半所有的不完美。

失去联结之所以令人恐惧，是因为当下的无能为力。小时候第一次被抛弃或被忽略的经历，在你身上留下难以磨灭的印记。

而在亲密关系里，因为害怕失去联结，害怕被抛弃而努力靠近，但靠近时又害怕亲密程度增加，因为越亲密，代表被抛弃会是越难以承受的创伤。在这个过程中，你由于无法面对自己的脆弱和不完美，而难以柔软地去感受自己和对方，亦难以看见自己和对方很好、很棒的地方，让爱的城墙高筑。

改变与成长是自己的责任

有些伤痛是无法要求对方承接的。并非每个伴侣都有能力应付伤痛，这不代表他们不好、不够格或不爱你，而是有些伤的本质太过强烈时，的确需要专业人士的介入，才能避免相处时再次恶化童年的伤痛，再次对关系失望。

身边重要的人，可以做的是给予影响力，以及提供安全的基石，让你感受到在关系中的安全和被接纳，从"心"渴望改变，但能真正改变和成长的只有自己。因此，你要担负起改变和成长的责任，自行寻求协助，找到疗愈自己并建立起自身安全感的方式，进而能自我肯定。

面对失联恐惧的四个步骤

第一步：对自己与伴侣承认你的恐惧

承认恐惧，是在接受、拥抱自己的脆弱感和不完美，深化跟自己和伴侣的关系，而形成更深刻的联结，当彼此的脆弱被理解，可以强化彼此对"爱"的感受，因为越理解，你会越有能力爱。

第二步：允许自己感受与接纳恐惧

恐惧不会因为压抑就消失，它会越加壮大直到完全将你吞没或让你动弹不得，只有将恐惧从巨兽变成哈巴狗，让恐惧不再全面控制你的生活，你才能真正自由，也才能享受爱。

第三步：像平常一样行动，不让恐惧成为亲密感或安全感的阻碍

有意识地看见自己的恐惧，了解它的运作是如何影响你的思维、影响你对待关系的方式的，那么它将不再是你的阻碍。在每一次想矫正伴侣时，回到自己的恐惧里去安抚、陪伴自己，你就能让彼此在爱里感觉舒适。

第四步：面对失望，增加对失望的容忍度

当你愿意去面对过往的恐惧所带给你的困境时，你就能理解，很多人也在面对过往的经历施加在他们身上的各种体验。你在面对自己的恐惧时，有时候会对自己失望，也会对他人失望，而当你可以开始理解他们的时候，你也能提升对生活、对伴侣的容忍度。因为改变本身不会立刻发生，但它必定会逐步发生。

安顿你的恐惧，回到当下，享受你的生活也感受你的选择，当你足够平静地欣赏自己，也许你将看到不同的风景！

他怎么会有我不知道的一面？
——谈自我揭露与保有隐私

王雅涵

　　"为什么我对你的过去一无所知？难道你就这么不信任我吗？"小安愤怒地质问小杰。这天，在咖啡厅里，小安无意间听到小杰跟朋友在通电话，才知道原来小杰的家庭有许多问题，求学过程也不太顺遂。这使得小安既担心又愤怒，同时也羞愧地问自己："难道我是个糟糕的女友吗？怎么会对男友的事一无所知呢？"

　　读研究生时，小安担任学生会会长，在某次活动中认识了另一所学校的学生会会长小杰，觉得他是个很不错的男生，而且同为学生会会长，使得彼此有很多经历和话题可以共享，让小安觉得遇到了一个既相像又契合的朋友。

　　活动结束后，两人仍持续用通信软件保持联系，后来也因为小安勇敢且积极地表达好感，终于和小杰在一起了。关系确立后，小安很开心地把小杰介绍给她的父母及朋友们认识，小杰却没有让太多人知道他与小安正在交往。小杰不想公开恋情这件事让小安很难过，但她还是努力地维持彼此的感情，认为小杰这么做可能是因处在交往初期还不太有安全感，因此和小杰分享自己生活上的一切大小事，包括过去的成长过程、情感经历、家庭情况等，希望小杰能更了解她。结果，小杰虽然是一个愿意倾听的人，却不擅长分享表达自己的一切，因此小杰越来越懂小安，小安却时常无法理解小杰在想些什么。

那天小安在咖啡厅看见的，是她从来不知道的一个小杰，曾经以为彼此十分契合，却瞬间觉得离对方好遥远，因而小安担心、愤怒又羞愧，对她而言，一场完整的恋爱必须要开诚布公、彼此坦白，在这样的纠结下，小安决定结束这段关系。

关系中的自我揭露

心理学家乔瑟夫·鲁夫特（Joseph Luft）及哈利·英格汉（Harry Ingram）提出了所谓的"乔哈里视窗"（Johari Window）理论，把人的内在分成四个部分：开放我（Arena）、盲目我（Blind Spot）、隐藏我（Façade）、未知我（Unknown）。

"开放我"就是大家都能看得见的一面，所以在认识小杰之初，小安只能以她"看得见"的小杰来判断，包括小杰的学生会会长身份、他与自己聊天的话题、举手投足间展现的性格等。因此，她只看见了小杰非常小的一部分，而其他部分的小杰，除了靠长期的观察与相处去获知小杰的"盲目我"，也就是小杰自己不知道但其他人看得出来的特质之外，就要靠小杰自己吐露"隐藏我"的部分了。

人与人之间的心理距离远近，在很大程度上是以"自我揭露"（self-disclosure）的程度来判断的，你愿意向这个人吐露的越多，代表和这个人的心理距离越近；如果你跟这个人只想聊些客观、中性或不涉及个人信息的话题，如天气、时事等，就代表和这个人的心理距离很远。

研究亲密关系超过四十年的医学专家黄焕祥（Bennet Wong）、麦基卓（Jock Mc Keen）也曾经提道："亲密最初的意义是'亲近'和'了解'，亲密是一种存在的状态，把自我最深处的部分向他人也向自己展现，没有任何伪装或防卫。所以，亲密是透过自我揭露而呈现的脆弱和了解状态，不是经由一般人际关系中的角色和义务而达到的状态……只有在彼此都能坦诚揭露，而且彼此接纳时，才可能达到最亲密的关系。"

如果你"不说"：不代表纯粹地"不说"，而是有一天"会说"

关于你想保有的秘密及隐私，你当然有权利拒绝别人的过分关心或打探，但如果你选择不将秘密及隐私说出口，相对地，也就不能期待对方能够明白你真实的感受，也要承担可能造成许多相应的误会与争执的后果。虽然爱情中的神秘感有时让人觉得甜美，但更多的时候却令人受尽委屈，若你答应与他人交往，却无法适时地敞开自己，会让对方经常感到没有安全感，如此模糊的界限反而会衍生出更多问题，这样就失去当初同意交往的初衷了。我相信，明确的恋爱态度才能在关系中制造双方都舒适的愉快感受。

但如果你偏偏就是一个倾向更多地自我保护的人呢？这时候你可以通过几个方式让对方知道：

一、让对方知道你已经在努力

每个人希望关系进展的速度都不一样，有的人是龟兔赛跑当中拼命奔跑的兔子，有的人是在后方苦苦追赶的乌龟。这时候你需要让对方知道：

你虽然走得很慢，内心却非常在意自己一直追不上的对方，你正在努力，仍然在不断地前进，试着向对方靠近，给予对方安全感。

二、即使不想说那么多，也可以先给予对方提示或暗示

在日常相处中，你可以适时地提示对方一些关于自己的信息，例如小杰可能不想太快让别人知道家里的问题，但可以偶尔在提到家庭话题的时候，表示："唉，我们还是别聊这个了。"让小安有些大致的猜测或预感，就不会在知道真相时如此难受了。

如果你"想听"：别把追求亲密变成一场龟兔赛跑

小安认知中的感情是开诚布公的，而且她也贯彻着这个准则，依照自己的步调朝着理想的目标前进，可是她似乎忽略了，陪着她一起前进的另一半，不见得也想朝着这个目标前进，于是两个人就像乌龟和兔子一样，小安像兔子一般很快地往前跑，小杰却像乌龟一样慢慢地前进，这使得兔子越来越焦虑，因为她很想拉着乌龟跑快一点，而乌龟也爬得很辛苦，因为他好像怎么也追不上兔子，他们之间的距离也就越来越远了。如果你是小安的话，你可以：

一、让对方知道你愿意等

如果你拉不动乌龟，而且也知道乌龟真的跑不快，为什么不试着停下来等等乌龟呢？在等待乌龟的同时，你可以告诉乌龟，虽然你跑得很快，但你愿意停下来等待他，因为你很在乎他，请

他不要放弃前进。

二、移除对方表达自我的障碍

有些人不喜欢谈论自己或自己的感觉，除了是因为关系还不到他设定的程度，也可能是因为无法预料表达之后对方的反应，这时候"不说"的对方，比"想听"的你还需要安全感，所以要尽量在互动中让对方知道："我重视你的感觉""我想听你真正的想法""不管真实的你是什么样，我都一样爱你"。

无论你的个性比较像小安还是小杰，在关系中所遇到的每个问题，都需要双方一起承担责任，责怪他人或责怪自己，并不是真正负责、面对和解决问题的方法，如果你期待能够好好呵护你们这段感情，你必须把眼光转回到自己身上，好好看看自己，并且理解对方的感受，借此去看见自己如何受到对方的影响，以及你如何影响着对方，进而能好好地和对方沟通，一起去面对关系中的问题。

共同缔造关系中的信任感

在别人眼中，小安与小杰是很适合彼此的，同样身为学生会会长，又有许多相似的背景，但看似合适的他们其实是两种很不一样的人，一个是积极外向的女孩，一个是稳重贴心的男孩。其实，我们每个人都是特别且独一无二的，除了个性，也存在其他很多的差异性，所以一旦我们进入一段亲密关系中，会出现许多的摩擦需要磨合，而感情便会在磨合中淬炼出许多美好的回忆。

一段真实而亲密的关系，需要通过彼此愿意展现自我最真实的一面来建立，但这是需要时间的，而且每个人准备好展现自己的时间都不一样。如果你愿意说，对方愿意听，当然是一件很美好的事，这代表对方承接着你的一切；但对方也有权决定分享和表达多少，不能用追求安全感来给对方施加压力。我相信，只要你愿意倾听，对方一定能够感受到你的诚意，渐渐地对你敞开自己。

改变的力量在自己身上，不在对方

很多时候当我们觉得没安全感，会认为这大多是对方的问题，所以我们希望改变对方，或期待对方能多做些什么来帮助改善彼此的关系，但其实，你可以停下来思考一下，对方是否也期待着你能改变呢？如果我们彼此把改变的责任放在对方身上，很可能什么都不会改变，甚至发展到彼此埋怨。但如果我们回头看看自己，其实你会发现，自己本身就有力量去改善与对方的关系，试着从"我能改变些什么"开始建立关系中的安全感，而不是期待对方能为关系改变些什么。

寻求安全感之前，先付出同理心吧

小安也许会觉得："我希望小杰可以让大家知道我们的关系，来证明我的重要性。""我希望小杰什么事情都能跟我说，这样我才能真正地了解他。"而小杰也许会觉得："我希望当我们关系很稳固了才去见父母，我不想让父母燃起希望又落空。""我希望小安能够认识现在的我，过去的我其实并不重要。"

每个人都有不同的期待和需求，而这跟我们所生活的环境和家庭背景有很大的关联，我们各自也有自己需要去面对和处理的问题。无论你期待的是什么，不要因为结果不如预期，就立刻认定感情出了问题，如果这时你能理解对方出现这些言行的原因，试着理解、陪伴他渡过难关，若有需要则鼓励另一半寻求专业心理咨询，这样一来反而会为你们的关系创造机会呢！

亲爱的，爱情中的信任和安全感，来自于你是否相信自己在这段关系中是重要的、是被爱的。而当你有足够的力量时，你不仅能够不再受困于自己的观念，更有方向地向前进，甚至还可能拉对方一把，让他和你并肩前行。而当你放下追求信任和安全感时，信任和安全感往往会自然而然地出现！

为什么我们越来越没话聊？
——谈"仪式感"如何让爱情稳定而不平淡

林佳慧

"我们交往七年多了，对彼此熟悉得像家人，身旁的朋友都很羡慕我们能爱情长跑这么久，也开始问我们什么时候结婚。唉！只有身在其中的人才懂，我们早就没了恋爱的感觉，现在和他相处，没有什么问题，但就是很平淡，淡到我觉得跟他越来越没话聊，越爱越无趣！"

小乐说着说着，开始感到困惑："结婚之后，会有什么不一样吗？我们之间是不是需要点新的刺激？不过，万一婚后几年，这种没话题的无趣感又出现的话，那该怎么办呀？"这看似甜蜜的烦恼，其实是非常恼人且常见的困扰，而小乐正试着找寻解决方法。

"结婚的风险和可能要付出的代价太高了，其实，我也想过，是不是就不要再浪费彼此的时间,选择分开好了?毕竟这种无聊、无趣、感受不到爱的感觉,已经在我心里纠结好久了。"

恋爱之初,因为受对方吸引、对对方好奇,我们会有紧张害羞的悸动,心跳加速的热情促使我们从彼此不熟悉到相互协调磨合,在度过磨合期后,原以为就通往幸福快乐了,想不到爱情长跑到这个连争吵都少之又少的"稳定期",竟然才是前所未有的艰难挑战。平淡,居然是比冲突更严峻的考验!

让爱有感觉的"仪式感"

在爱的热情与激情退去后,许多人常常越爱越"随便",挑选礼物随便、约会的穿着随便、出游的行程随便……而这样"随便"一定会让你"感受不到对方的爱",所以你可能想着是不是该为感情注入新的刺激,例如:结婚。感情之所以平淡,是因为缺少了"爱的仪式",缺少了让另一半知道"我的心里有你"的心思,因而你们可能还是相爱,却越来越感受不到爱,只觉得平淡、无趣。你当然可以通过"结婚"这个非常庄严的爱的仪式来感受到自己是被爱着的,然而,婚后若没有约定好的、可持续一起进行的爱的仪式,你曾经拥有的幸福甜蜜很可能会再次被无趣和平淡的感觉侵蚀。

你们需要讨论、建立、约定好属于你们的爱的仪式，例如每年的纪念日拍照留念、情人节约会为对方制造小惊喜、在固定的日子谈心或一起完成某件事等，重点不在于惊天动地或铺张奢华，而是想跟对方好好经营关系的心意，以及用对方习惯接受爱的方法，表达对他的爱。爱的仪式是在累积一个个属于你们的小幸福，为你们之间爱笔充值卡储蓄，让日子过得有滋味，让属于你们的重要日子值得纪念。

爱的仪式从何而来

你可以从"看见对方""经营关系""活出自己"这三部分中发掘并寻觅出适合你们且你们能一起实现仪式感的要素，再邀请另一半和你共同讨论、重组这些要素，形成你们相互约定、有所共识、专属于你们的"爱的仪式"。

看见对方

一、读懂爱的语言

每个人来自不同的家庭与社会环境，感受爱的方式可能是相当不同的。著名心理学家格里·查普曼（Gary Chapman）提出五种人们常用来感受爱的方式，分别为肯定的言语、精心设计的时刻、接受礼物、服务的行动、肢体接触。而每个人都有自己习惯接收爱与付出爱的特定方法，例如：若你的另一半是习惯以"肯定的言语"感受爱的人，你的赞美和鼓励对他而言是很重要的；习惯以"精心设计的时刻"感受爱的人，你的倾听、陪伴、和他说话时保持眼神接触，常能让他感到被爱；习惯以"接受礼物"感受爱的人，花心思为他准备实际的小礼物，能让他感觉惊喜和幸福；习惯以"服务的行动"感受爱的人，你为他做家务、接送他上下班，常会让他觉得很感动；习惯以"肢体接触"感受爱的人，牵手、摸摸头、拍拍肩，没有什么事比在他难过时，给他一个拥抱更能温暖他了！

因此，我们需要在和另一半的相处中，去留心及观察对方是如何接收爱及表达爱的，当你留意到对方是如何接收爱时，你可以用适当而相应的方式去表达你对他的爱意；而当你留意到另一半是如何表达爱时，你可以练习着翻译，例如：下次当他看着你，你可以从他的眼神中读懂爱意；或是当收到惊喜，你可以懂得他用心的准备，是想告诉你你对他有多重要；又或是当他在厨房忙得焦头烂额，听到厨房抽油烟机转啊转的声音时，就好像听到他在对你说"我爱你"一般。

二、不把对方爱的语言视为理所当然

在读懂对方表达爱的语言后，更重要的是不要把它视为理所当然的，在他看着你、和你分享时，你也要看着他、全心倾听，并感谢他对你的信任；在他为你送上惊喜时，你要感谢他如此用心，也告诉他你有多么喜欢他的礼物；在他做家事时，你可以靠过去，感谢他为你服务，并告诉他这帮了你多大的忙。

经营关系

一、拥有专属于两人的亲密环境

伴侣间需要拥有专属于彼此的亲密感，而且是只有在对方身上才能感受到的亲密。这个亲密可能包含生理和心灵两个层次。生理上借由肢体碰触、拥抱、亲吻、性行为等；心灵上借由自我揭露、相互分享，以及表达对对方的喜欢等，来感受到亲密，建立专属于你们两人、他人无法随意进入的小圈子。

二、允许与坦诚带来信任

信任感是爱情中的重要因素，我们需要敞开自己让对方认识，尝试在对方面前呈现真实的自己，才有机会建立信任。这之中较为关键的两个部分是：第一，允许对方看见自己的脆弱，而当另一半分享低落时，你也能陪伴并给予支持；第二，在遇到可能让对方不开心或威胁到关系的事情时，坦白而诚实地告诉另一半，和他一起讨论，而若是另一半邀请你讨论时，你能不责怪对方，而是共同面对与承担，并在讨论的过程中，不只是妥协或将就，而是用真诚但不伤害对方的方式提出自己的担心和考虑，真正地去相互理解及沟通。

三、共同投入一项需要花心力的挑战

一起讨论、寻找并实际去做一项"你们两个人都愿意花心力投入的挑战"，例如健身运动、到异地旅行、学习烹饪、培养新的技能等，尤其当这项挑战具有持续性，且你们俩都很感兴趣，或对你们都有帮助时，那将更能使你们有共同的话题、感受到一起努力向前的感觉，也能增进你们的亲密感。

活出自己

一、读懂自身爱的语言

除了留心观察另一半接收爱、表达爱的方式，若你能觉察自己感受爱的方式，也可以让对方知道，他怎么对待你，会让你更能感觉到被爱着的幸福。你可以做一个"五种爱的语言测验"：http://www.iiispace.com/2017/08/29/000245/。

二、活出真实而丰富的自己

首先，你需要持续地探索自己，了解自己的兴趣和能力，比如什么是你重视的、什么是你内心深处渴望的，等等，从而逐渐对自己有越来越清晰的认识。其次，在令你有成就感的事上投入精力，发展你的工作、用心装扮自己、规划你渴望的人生图景，成为一个有趣、有内涵、有魅力的人，尽情地让自己活得快乐又精彩。最后，如此缤纷丰富的你，可以把自己经历和体验的一切，带回到你们的亲密关系中，与你的另一半分享，成为亲密关系中的新刺激，也互相丰富彼此的人生经历。

区分稳定和平淡，创造共同的未来

问问自己：我和他之间，究竟是稳定还是平淡呢？稳定和平淡是全然相同的吗？它们有哪些相似或不同之处呢？

其实两者在表面上看起来是非常相似的，都看似平和、一成不变。正因如此，我们和小乐一样，常将稳定和平淡视为相同的状态，为爱情下了"没话聊、无趣"的定义。但更深入地去看，爱情中的稳定会带来内心安定的感受，而内在的安心，时常比怦然心动更让人感到踏实和有安全感；平淡则是两个人处在一个停滞甚至是内耗的状态中。所以，在稳定状态中，你能感觉到两个人仍持续地朝着同样的未来前进；可是在平淡中，你很可能会有细微的疲惫与不确定感，两个人相处仿佛在消耗着过往积累的爱意，也不知道你们会不会有共同的未来。

比起平淡的爱情，稳定的爱情多了一分"成长"与"未来感"，而这是爱情长跑中很重要的元素！所以，最后一个让爱回温的方法是——"建立相近的价值观，一起创造共同的未来"，通过想象未来蓝图，去交流和建构有共识的婚姻观、金钱观、人生观，并承诺未来会相互扶持地一起承担、一起走下去。

在真正的爱里，存在着一个很微妙的循环状态——当你越能在另一半面前呈现真实的自己，就越能感受到亲密；反之，越能感觉到关系中的亲密，就越促使你活出真实的自己。也就是亲密关系成就了你，真实而精彩的你又增进了关系的亲密程度，这将形成一个正向的循环。若你在丰富自己的同时，与对方分享和保持联结，在关系中共构属于你们两人的仪式、共筑属于你们的未来，那么，你将更能在两个人时甜蜜、在一个人时自在，无论爱情长跑多久，你都能感受到亲密，同时也活出你自己，你们的爱将变得有感觉、滋养彼此、稳定而不平淡。

明明想要爱，却又不断推开爱？
——谈爱情里的自我责怪信念

王雅涵

　　"为什么经历了这么多段感情，没有一段可以走到最后？"看着别人都顺利地步入婚姻的殿堂，点点心里感到无尽的落寞。她疑惑地问着，然后低头想了想后继续说："我发现我喜欢追求别人的感觉，但是当顺利在一起之后，却无法享受在恋爱中被呵护的感觉，每当对方付出得比我多的时候，我会出现难以言喻的厌恶感，以至于说出很多伤害对方的话，甚至……觉得他不应该爱我，他爱我让我觉得很反感，怎么办？我真的很糟糕！"

追求爱却又推开爱的恶性循环

点点是个人见人爱、活泼外向的女孩，身边总是不乏爱慕者，而且她也能勇敢主动地追求一段感情，可是每次谈恋爱，对象明明不同，却都像在相同的爱情模式中打转，"追求—恋爱—厌恶—分手"，没有一段能好好地走到最后，这令点点困扰不已。让我们来看看她其中一段感情故事：

点点跟小蒙青梅竹马，既是哥儿们也是发小儿，但随着年纪增长，点点渐渐发现小蒙的存在对她来说是特别的，当小蒙和别的女生聊天时，点点会有些介意，她曾问自己："难道我喜欢小蒙吗？"点点对自己突如其来的想法感到有些错愕，她却开始更关注小蒙的动态更新，也刻意记住小蒙上下班的时间，为的就是制造更多不期而遇的机会。

而小蒙呢？他其实发现了点点的转变，不过，对于点点这突然的改变，小蒙有点不知所措，甚至开始逃避，但没想到点点对这得不到回应的感情，反而甘之如饴，且更加主动出击，丝毫不在意小蒙的躲避，继续以她的方式追求小蒙。久而久之，小蒙的心被点点打动了，开始接受她并给予回应。

可是，两人在一起后，点点却开始怀疑："小蒙怎么会喜欢我？他明明之前还在躲避我，不是吗？他只是勉强接受我的追求而已吧，他不是真心的！"因此点点开始对小蒙的一切产生厌恶的感觉，不想跟小蒙见面，甚至说了许多伤害小蒙的话，终于，小蒙受不了点点而选择离开，点点很懊悔，但也不知道该怎么办。

明明曾是这么熟悉和相爱的人，到最后却深深伤了对方，搞得连朋友都做不成，而且小蒙不是第一个被她这样对待的男朋友了，点点觉得自己真的很糟糕。

面对感情，很多时候我们会发现，问题并不会随着分手而结束，反而像个魔咒般紧跟着我们，将我们困在一次又一次的循环里，我们感受到痛苦，却无力改变，而且如果我们一直看不见问题的核心，甚至很可能责怪是他人的错。其实一再地重复循环，正是个很重要的提醒——提醒我们该回头看看自己，也问问自己："我在这循环中到底是怎样的？我需要负担这循环中的哪些责任？而我又该如何逃离这循环呢？"

改变是需要契机的，当你开始感到难过或是不舒服时，就是你必须正视问题的时刻了。点点想要改变，因为在经历过许多段感情后，她越来越觉得自己很糟糕、自己没人爱，看见身边的朋友、同事们一个个结婚，点点的焦虑和忧郁渐渐地影响到她的生活，让她甚至在工作上也无法好好和同事相处，即便如此，她仍没有放弃"想要拥有一段幸福美满的关系"的想法。

当幸福来得太容易，反而无法好好握紧

点点很容易爱上别人，更精确地说，她喜欢"爱上别人"的感觉，因为心中渴望拥有幸福美满的爱情，所以点点不想放弃任何可能谈恋爱的机会，她为了这份渴望努力着，心中有个信念是"我要努力，才能获得幸福"，因而她很勇敢地追求那些让她有感觉的男生，当她越努力，就觉得自己似乎离幸福越来越近。

然而，一旦这些男生开始和她交往，点点不需要再那么努力地追求，她便开始怀疑自己："我凭什么可以这么幸福？对方一定不是真心的！"而这样的想法也让她觉得对方的付出很不真诚、很令人反感，让她开始讨厌对方，甚至逼走对方，当对方提出分手时，点点又想努力地追求挽回对方，当她再次努力地追求挽回时，那个"我要努力，才能获得幸福"的信念又再次发酵。事实上，这样的信念也透露出另一个相对应的信心，就是"只要你不努力，你就不会幸福"。

你是否也曾经怀疑过："我配得上这样的幸福美满吗？"或是"对方怎么可能真的爱我呢？"想要拥有幸福美满的爱情关系，你必须好好面对自己心中的这些怀疑。

终止循环，让自己有个新开始

以下提供一些方法，给和点点一样困在爱情循环中的你。请你这样告诉自己："是约，我配得上幸福美满的爱情""是的，我是个值得被爱、有价值的人""爱情不需要非常努力，只要缘分到了就会来到你身边"。只有当你相信这些话，你才有可能享受关系，虽然你知道努力很重要，但不是因为你努力了才能够获得幸福，而是幸福本来就是属于你自己的。

当自我责怪的想法使你认为"你应该要更努力""你根本不配，你拥有的这些都是假的"，这个时候，你可以暂停一下，去做别的事情，也许是去运动一下，或去看场电影，接着带着足够的力量回来面对这个自我责怪的想法，对它说："不努力又如何？现在的我，决定停下努力追求，我要享受现在所拥有的。只要是我的，就算我不够努力，它也会来到我身边。"

学习对感情负责

一味责怪自己和别人，只会让你继续在负面的循环中打转。关系是双方共同经营的，关系中的问题与困境是双方互动、交织而成的，你必须接受自己是不完美的，也接受对方是不完美的，而关系的美好就在于我们能够接受彼此的不完美。当你在爱情中感受到疲惫的时候，停下来想一下，你是否你被自己所想象的完美爱情给困住了呢？在这完美爱情中，你是否无法做真正的你？

试着展现真实的自己，将感受到的问题与难处提出来与对方讨论，并且不要把"人"和"问题"画上等号，不要轻易地认为"我很糟糕""我不配"，把"自我责怪"的力气转换为"解决问题"的力量，才是为感情负责的方式。

看见自己想要的到底是什么

不是依靠感觉，也不是依赖他人的期待或他人眼中的标准，更不是坚持自己莫名的执念，而是回到自己身上，去看见自己到底想要什么。不需要和他人比较，因为你是独一无二的，你可以定义属于自己的幸福美满。先清楚自己想要的是什么，进而在感情中，与另一半一起讨论并经营"你们"期望的爱情，而彼此磨合常能让伴侣更加理解对方，逐步实现你们共同想要的爱情。

当然，你很有可能发现根本不知道自己想要什么，那么也许你可以先缓下来，别急着进入关系，先好好地探索自己、了解自己、爱自己，去做些让自己开心的事，为自己充电，让自己更好，你才能够相信自己是值得被爱的。倘若你在你不知道自己想要什么的状态下，盲目去追求恋爱的感觉，去追寻社会的期待，到头来，你很可能会发现，在亲密和激情过后，换来的是更多的空虚。

幸福美满是由你自己定义的，只有当你清楚自己想要什么的时候，才能真正地享受爱情，在爱情中能真实地做自己，而拥有一段真心渴望的爱情关系。

在家人和情人间挣扎？
——谈爱情里的家庭课题与情绪配偶

吴姵莹

"我很在乎妈妈对男朋友的看法，但我又觉得很辛苦，每一次都要经过她同意，搞得最后大家都很不开心！我前男友之前一直问我为什么对他越来越疏远，但我真的无法告诉他，因为我妈很反对我们在一起。"

女孩纠结地吐露着："痛苦的是，我单身的时候我妈一直唠叨我，说我让她很担心，可是我好不容易有对象了，她又挑三拣四，或者抱怨我陪她的时间太少。我真的不知道该怎么办才好！"

女孩一次次在关系里跌跤，想要重新站起来、跨出去，却又来回挣扎于家人与爱情之间，觉得自己怎么做都不够完美。这是否也是你的写照呢？每一次你在寻觅对象时，总是拿出家长的要求清单，挑选、搜寻，但心里知道这其实并不是你最喜欢的，只要妈妈喜欢就好，你的忤逆只会让彼此都痛苦。

家，永远是每个人心里难解的结，身为儿女，你期盼看见家庭如儿歌所唱的那样美满，而事实却是不断地摩擦与争吵，夹在父母中间让你无所适从。时间久了，除了懂得察言观色外，你也把自己的情绪封闭了起来。

亲爱的，让我们一起看见爱情里的家庭课题，而家的课题是需要争吵的双方来解开的，旁人说再多也无法解决那根本的纠结。

对妈妈的心疼，让你变得"懂事"

有这样困扰的你，虽然觉得妈妈让你头疼，但你可能是很钦佩妈妈的。她一个人扛起很多事情，要工作赚钱，要做一堆家务，又要带孩子，还有多得复杂的家庭关系需要处理，尤其是你从小看到大的婆媳问题，让妈妈过得非常辛苦。爸爸在你的印象里往往是缺席的，甚至，是无能的。

从你懂事以来，妈妈常忍不住找你讲心里话。其实小时候，妈妈跟奶奶吵架后会找爸爸诉苦，但爸爸只会让她忍耐，并对妈妈说："对老人家就该让着，为什么总是这么爱计较？你是受过教育的人，为什么会这么缺乏情商？"因此，一肚子委屈的妈妈转向你，开始向你大吐苦水，你不知不觉也变得越来越"懂事"

与"善解人意"了。

这种懂事令你开始气愤，为什么爸爸这么不体贴？让妈妈那么辛苦，自己却如此置身事外？而你同时也觉得很无力，因为你不论怎么努力安抚妈妈，她却仍不快乐。有时你也感觉困惑，因为当你一边倒地帮妈妈批评爸爸，或对爸爸冷言冷语时，你又被妈妈指责为什么这样对待自己的父亲。无奈之余，你也觉得自己被妈妈背叛了。尤其看到父母变得亲密时，你更觉得自己被排除在外，究竟这一路以来守护母亲和支持母亲，是为了什么？你到底该站在谁那边？你在家里又处于什么位置？

贴心的你，反而成了父母的"情绪配偶"

心理学上我们将这种"小老公、小老婆"的状态称为"情绪配偶"。

本该是由配偶承担的情绪责任，包括婆媳关系不和谐、面对教育孩子的困境，甚至在生活琐事中的挫折感，等等，这些都该是由另一半来提供情绪上的支持。然而，心思细腻的孩子在小时候尚无法懂得角色和责任的分界线，一心只希望自己可以舒缓母亲的困扰和烦恼，或分担母亲的劳累和辛苦，因此孩子自然而然地在母亲的"训练"下，变成万能的情绪配偶，或者忠诚的战友，永远捍卫与保护母亲。

在性格特征上,除了承担母亲的情绪外,这些孩子往往也会过度承担他人的情绪,有任何事情往往冲在最前面,对家人的要求义不容辞。有时候太累还是会找人抱怨,但抱怨完后又充满罪恶感,对自己说家人的不是感到自责不已。

除此之外,孩子还经常会感到无能为力,或自信心低落,且很多时候习惯性地把问题归咎于自己,觉得问题是自己不够好所造成的。之所以会如此,是因为一直以来你在家庭中担任的"小老公"角色,向来都不成功,不管你尝试再多的方法,花再多的心思,都无法使母亲真正感到快乐,而且可以肯定的是,当你没做好某些事情,或者是忽略母亲时,一定会遭到责备,甚至背负"母亲觉得被你抛弃"的罪名。

情绪配偶的心里,难以腾出空间给另一个人

你往往对于亲密关系的经营感到麻烦,因为在原生家庭充满情绪压力的情况下,你其实很难有心思再去经营一段关系;你往往在家庭和工作之间疲于奔命,因为多数时候你在职场上,也是任劳任怨又使命必达的角色,所以缺乏心力在亲密关系的相处和经营上,有时候你甚至希望另一半是个省时省事且不会计较你花

太少时间和他相处的人。

在亲密关系中，你面临的最大困难是"常常会感觉难以信任对方"，因为父亲是女孩生命中第一位异性相处的范例，对父亲产生的排斥和嫌恶的感受，非常容易带到另一半身上，当你嗅到对方身上有相似的特质时，危机系统就会被启动。

一直以来的付出照顾，一方面让你已经没有心力处理关系中的紧张，一方面让你极度渴望在关系中找回身为女儿一直没有机会享受到的"被照顾"感，这样行为和心理的矛盾，让总是尽心照顾别人的你，发现没有人能满足你的需求，而在关系中不自觉挑剔批评对方，很难对关系感到满意。

让你的幸福摆脱家庭的束缚

厘清你真正的角色

要分开"女儿"与"小老公"的角色，一开始可能会是困难的，同时会带来很多愧疚与罪恶的感受，然而，你需要意识到当你将父亲该扮演的角色扮演得太好时，你已经取代了父亲，也让母亲永远得不到她真正渴望的快乐，而这会形成无止境的循环，让你永远待在母亲身边，成为两个受苦又相互依赖、情感上却各自孤单的女人。

练习退回孩子的位置

避免成为父母双方的桥梁，为他们传递他们无法直接表达的话语或情绪，虽然让他们彼此直接沟通会有很多冲突，甚至是冲突到无话可说的状态，但那正是他们必须面对的关系课题，而非不断通过你来平衡关系中的紧张和冲突。

修复自己与父亲的关系

你是否带着母亲的愤怒与不满在看待父亲，因此看不见父亲在家庭中的努力和无奈？练习放开对父亲的情绪，你才有力量去鼓励和支持父亲，让父亲真实地去当丈夫的角色，承担起母亲的情绪需求，而你也才能从"小老公"的角色当中脱身。

亲爱的，希望在看见你的家庭课题之后，你可以顺利退出情绪配偶的位置，退回到儿女的角色上，真实地扮演自己在关系中的角色，为你自己及你的家庭，找回真实与平衡的幸福。

停不下来地讨要爱？
——谈爱情里的形象搜寻与童年弥补

吴姵莹

"我曾经一个星期跟三个男人约会，甚至每周都跟不同的男人回家，现在回头想想，我其实不懂为什么当时自己的生活这么混乱。"最近刚来找我咨询的她，有点迟疑地说着。

"我知道，我可以相信你不会评价我的行为，只是我真的不知道我到底怎么了。我试过在很多男人身上找，就是找不到我要的感觉，而我不懂的是，为什么最后我爱上的人和我的关系，都只维持了很短的时间？"她的话音里慢慢透露出伤心，继续说着，"每一次跟不同的人出去，我其实有点骄傲，知道我还是可以吸引他们的，很多人对我感兴趣，可是到头来却还是分开了！分离的那刻，我感到极度空虚，为什么我还是无法留住一个人？为什么我对他们的吸引这么短暂？又为什么他们对我的吸引也不长久？"

她的伤心中，还伴随着一丝无奈与心痛。"我有时候很不理解自己，因为我就是无法停止这些寻找爱、讨要爱的行为，可是我又必须说，恋爱的激动和兴奋其实很让人着迷，还有那种不同男人眼里的我，总让我感受到自己是有魅力的，我很想要一直拥有这些。可是我又想要稳定，又害怕再也无法体会这些兴奋和觉得自己有魅力的新鲜感，那样的感觉好可怕！"

她试着在自己的迷惘中，理出一些头绪。"除了可怕之外，我也慢慢意识到，每一次分离后的我，其实都很慌，也很受伤，一直不断怀疑我的魅力，更怀疑我的价值，我这么做究竟对不对？我在找的，真的是'爱情'吗？真的是愿意爱我、和我共度一生的人吗？"

她的提问让她更深层地认识着自己，同时也撼动着她的想法和感受。

"说真的，我很怀疑当我真的找到那个对的人，最后又不能维持感情一开始的浓烈时，那我还活得下去吗？"

她就这样在两种选择间摇摆，不确定哪种选项能得到更好的结果。我看着眼前迷茫的她，像朵美丽的花，在怀疑与渴求中憔悴地凋零，却又试图振作、再度找回自己。

借由爱来证明和支撑自己

我们总是有些时刻无法支撑自己，只能借助向伴侣讨要爱来证明自己的存在，苛求别人的拥抱来支撑自己不至于颓废。但亲爱的，不断地因为想被爱而去爱，这样的你到底爱的是你的伴侣，还是你自己？

爱，能使你感受生命的丰盈，也能把你丢入谷底，如果爱情的本质就是互相伤害，那你更该在这些不得不共同经历的悲喜里，相信在一起的时光都有其意义，而好好爱自己。这样你才能毫无顾忌地去爱对方，就算受伤也甘之如饴。

其实，爱情一直都是一种兴奋剂，让你在悲伤时快速振作，让你看似很快地忘却了所有不愉快与痛苦；但有时它又像是毒药，喂养着人们渴望被爱、被照顾、被填满的空虚心灵，像是"心灵吗啡"般，很难戒掉它的诱惑。那股空虚与痛苦的感受，需要练习由自己去排解，而不是一直通过他人的给予来疗愈。因为向他人讨取的爱，不论是身体上的抚慰还是言语上的甜蜜，在药效退去后，那些痛苦的瘾头和空虚无助依然存在。但该怎么办呢？"爱情"这心灵吗啡确实是非常诱人啊！

你寻找的不是爱情，而是对童年的弥补

其实，亲密关系确实一直都具有疗愈性，而疗愈发生在适合的情况和适合的伴侣身上，当伴侣彼此间相互信任和承诺，会激荡出对我们过往伤痛的疗愈力量，因而让很多受伤的灵魂在痛苦无助时，认为"只要再次投入爱情，一切的问题就可以再度得以解决"，却一次次让自己更加受伤。我们的痛苦挟持了我们的选择，加深了我们对失去的恐惧，使我们一边说服自己下一个人会更好，一边再次跳入伤害我们的人的怀抱里。

其实，当我们曾经在童年的爱里受了伤，这些对爱与照顾的渴望，会转而投射在伴侣身上。爱情经常能彰显出一个人藏在最深处的暗黑需求，即便许多人成年之后看似能干又独立，在爱情里却表现得依赖、优柔寡断、患得患失。

很多人在爱里不断地找寻，可能是由于在父母那里得不到足够的认同，而渴望从伴侣的眼神中找到肯定；或自小就是在缺乏照顾的环境下长大，便容易渴望在伴侣身上找到被照顾与呵护的机会，去弥补童年的缺憾，而忘了自我认可与自我照顾。

也许在不停讨要爱的过程里，你一度怀疑过自己是不是个花心的人，但很可能是你在不断搜寻那个可以全然满足你的伴侣。童年的匮乏感埋藏在心底多年之后，有时候已经形成深不见底的

黑洞，迫使你不断寻找，却又不断失望，因为很难有一个形象既能成为你的伴侣，又能像父母一样给足你认可与归属感。所以最后有可能你寻找了半天，找到一位比自己年长许多的伴侣，而在那一刻，你感受到灵魂的颤动，因为你终于搜寻到有人可以同时满足你对父母、对情感的渴望——但这真的是爱情吗？

爱情不该是为了弥补，不该是责任与义务

如果你发现自己也有相似的感受，我请你回到自己的身上思考：对你而言，最初的关爱，那份来自最早照顾你的人对你的爱，究竟缺少了什么？那和欠缺所带来的愤怒和被抛下的感受，有时候会连你对自己的感受、声音与梦想也一同抛下，这份抛下有时让你不自觉选择会伤害你的人，因为你觉得自己不重要；有时则是在一段关系里一晃就是好几年，但蓦然回首，你却不断自责自己的无知跟愚昧。例如：你让自己不断陷入危险的三角关系中，一直存有幻想和希望，却不愿意正视真相，更不愿意为自己的幸福和安全着想，虽然这段关系让你感受深刻与真实，让你感觉整个人被填满，但某种程度上依旧会让你活在不安中。

这份为了弥补而存在的关系，到最后会只剩下亲情。这是很多人在爱情里最恐惧的现象——失去激情与心灵的亲密感，只剩

下责任与义务，而之所以会这样，则可能是你在伴侣身上结合了对父母与爱人的期许，而让关系难以像正常的伴侣那样纯粹。

拥抱对父母的失落，让伴侣回到伴侣的位置

其实，将童年的渴望转移到伴侣身上，对伴侣而言并不公平，这已经不是平衡的伴侣关系，而是付出与接受失衡的照顾关系。

若你把伴侣当成父母一样索求，有一天你会对伴侣全然失去"性"趣，而伴侣也会陷入深深的无助与痛苦中。你要帮自己意识到的，是转移投射到伴侣身上的父母形象，以及童年弥补的渴望。你要做的，是接受童年那个对父母失望、失落的自己，去拥抱他并照顾他，让他意识到你清楚知道父母给予你的童年关爱是不够的，这是你生命中的事实，也是你生命里回不去的过往，你要哀悼这些童年的缺憾，理解你那对有足够精力与能力照顾你的父母，他们用最大的力量去撑起这个家庭，却无法照顾你的心理需求。

当你拥抱心中的失落，那份儿时的匮乏与渴望也会随之逐渐烟消云散，你会有机会真正长成一个大人，不仅接受自己的童年，也接受自己已经成年，不再需要当不断讨要爱的孩子，寄生在关系当中去索取照顾了。

　　所以，亲爱的，那份缺少所带来的痛苦，若没有去疗愈，就会落入相同的循环中去渴求爱，又或者更明确一些，去一再渴求"伤害自己的爱"，而因为受伤害之后，你更需要心灵吗啡来疗伤止痛，进入无止境的循环。而你，永远是那个可以帮自己看见、跳出循环来疗愈自己的人。

没有爱情就天崩地裂？
——谈爱情上瘾症与过度依赖症

吴姵莹

　　"我是个为爱而生的人，我相信爱情，可是为什么我在爱里不断付出，却没有获得应有的回报？""他这样的反应，根本就是不在乎我、不爱我！""为什么他不能像我爱他一样爱我？""我也不想这么依赖他，但我就是每时每刻都想跟他在一起，我没有办法控制自己！"

　　亲爱的，你也曾有这样的感觉吗？当对方没有回应你的需求，你会容易患得患失，觉得对方不在乎你、不够爱你？每次一进到爱情里，你就好像自废武功一样，很多会做的事突然都不会了？你也不清楚为什么你开始变得依赖对方，但你发现一进入关系，你就只想要两人世界，你不再需要朋友，甚至不一定觉得工作重要，只想赶快等到对方，就觉得充满安全感。

我曾多次开展爱情依赖症的线下活动，许多来参加的学员都容易在爱情里失去自己，给予对方过多的关注。我曾在活动里设计一个环节，邀请大家去绘制自己与对方一周的时间安排。有趣的是，我看到多数的人第一个下笔的，是对方的行程表，他们非常细致地描述对方的行程，反而自己的行程还要打开手机确认一下。更特别的是，有学员写完之后非常兴奋地抬头看着我，像是要告诉我他对对方有多么了解。换作是你呢？你有办法去描绘自己与对方典型的一周吗？你们彼此一周相处多长时间？还有，你想着对方的时间有多少？

在我的线下活动里，我听到许多人直接回答："醒着的时间都在想。"有些人会回答，一旦工作有空当就开始想。然而他们在这么说的同时，也会忍不住抱怨，为什么自己可以做到，另一半却都做不到？

这其实在我的实务工作中非常常见，从上述的例子里你可以听到，爱情依赖与上瘾的状态，主要有以下三种症状：

·分配过量的时间、注意力给对方，重视对方多过自己，这样的专一里常有痴迷的特质。

·有不切实际的期待，希望对方可以给予无条件的积极关怀。

· 身在关系中，会忘了照顾或重视自己。

接着我们就来进一步解析，这三种症状的心理状态。

爱情上瘾的三个症状

一心渴望停留在二人世界中

其实爱情里不可能只有二人世界，因为将爱情放入社会关系后，你会发现我们身旁还有朋友、家人与工作，所以个人的专注力不会只有爱情。但一心渴望二人世界的人，成长过程中又经历了什么事呢？

有可能你小时候被好好照顾过，但成长阶段会经历从依赖照顾者到与照顾者分离的过程，所以从某个时间点开始，当你想再当小孩赖在父母身边时，你可能会遭遇拒绝。有些孩子在被拒绝后，大人会提醒他——"你已经长大了，要学会自己照顾自己"，因而在他独立的过程中相对适应得好一些；但也有些孩子，可能在分离的过程中并没有被好好安抚，或者一直有被迫长大的感受，对于独立这件事就感到特别难受，因而在亲密关系中就容易放大这份渴望，希望经常可以跟人黏在一起。

当然也有常见的家庭因素，例如重男轻女的现象，或者你是家中的小大人，这会形成联结的匮乏感，也就是你在成长中一直没有感受到自己被好好爱着、有人好好把你放在心上、有人跟你有深刻联结的那股感受，你就会一心渴望有两个人的世界，可以紧紧地圈着彼此。

当一个人渴望二人世界，除了付出过多的专注力外，还容易美化或神化另一半，或简单地说——赋予对方至高无上的力量。除了会事事以对方为优先、处处为对方考虑外，还会经常为对方找优点，觉得他很厉害，甚至觉得对方无所不能。因为对另一半有不切实际的期待，就希望对方可以对自己无条件地积极关怀，而且是无时无刻！他们总认为，只有对方可以解救自己脱离那孤单、寂寞又痛苦的情境，因而会讨好又卑微地待在关系里，可是事实总让他们处在失望中，又再次感觉自己被遗弃，因为这世界上真的没有人可以无时无刻给予另一个人照顾和陪伴。

自我忽略与自我弱化的惯性

当你没有学会照顾自己，或不曾学会长大后要懂得照顾自己时，就容易忽略自身的需求，或者期盼他人可以满足自己，因此在进入关系时会有"照顾自己是别人的责任，相信爱情是解药"的思维，也经常产生无法克制的无助感。

当童年有过被忽略的无助感时，你的内心就会被烙下挥之不去的阴影，转而在亲密关系中追寻阳光，而当你感到孤单的那一刻，你的情绪会退回孩童时期那种脆弱无助的状态，即便你是大人，也会打心里觉得恐慌。若你仔细回想，你就会发现你有过被照顾的经验，但弱化自己的这种惯性，会让你提不起精力去安抚和照顾自己。

渴望被完整包裹、保护与拯救

当童年有被忽略的创伤——可能是真实的被抛弃经历，例如经常被威胁不听话就要被丢掉，或者是情绪上的抛弃，又或是父母经常处在自己的情绪困扰中，看不见孩子的需求，这些忽略性的创伤会形成依附的撕裂感，导致一个人的内心热切渴望联结、隶属于某人，一定要找到对象填补内心的空虚，才会感到安全。

在依附对象的选择上，不只是爱人、牧师、心理医生，只要是让他感觉到有强大力量或有"无条件的爱"的人，都会变成他投射的对象。

因为经常自我弱化，便也容易形成受害者心态，当关系不如预期就会委屈难过，觉得对方亏欠自己，而促使对方扮演拯救者，将自己从受困痛苦的情绪中搭救出来。我们从小听过的童话故事也常是这样的情节：期待着被拯救的公主，一直等待着强壮英勇的白马王子，因而让许多女性在成长过程中担心自己过于独立勇敢，就无法吸引另一半。

你可能很容易受儿时童话故事的影响，想象自己是童话里受难的公主，一直等待王子拯救，在美化与理想化爱情的举动里，只会将注意力放在对方的作为和力量上，忽略自己身上的力量。当你忘却自我的力量，就会将生活的重心放在对方身上，最终变成你追他跑的状态，让你再次陷入关系的困境，或被迫分开，接着又怀疑自己是否值得被爱。

那么，该怎么办呢？

戒掉依赖的三种解药

承认自己陷于爱情上瘾与依赖

其实戒掉爱情的瘾就像戒酒一样，首先要意识到上瘾已经影响了自己的生活，并且有越来越不健康的倾向。所以第一步要先愿意承认，而不是一再合理化或者隐藏、说服自己没事。所以你可以这样开始："我是_____，我承认我对_____过于依赖，而这段关系模式让我对生活越来越失去掌控。"

拥抱面对戒断的自己

很多人戒不了瘾，是因为无法忍受要分开那一刻的情绪，当你感觉伴侣让你失望或疏远时，你可能会做出伤害自己、伤害对方或惩罚对方的行为，例如你可能会咆哮、摔坏对方珍惜的物品来宣泄你的愤怒，威胁对方要照顾自己或不可以离开自己。当我们渴望健康的关系时，这股戒断的痛苦情绪可能会让人做出失控的行为，而你若愿意适时地寻求专业协助，就能更好地帮助自己度过这个困难阶段。

拾起自我照顾的责任

亲密关系非常容易反映出一个人最深层的"未满足"的需求，因此你会投注大量时间在他人身上，而忽略自己。这时你可以不断提醒自己，当情绪轰炸时要陪伴自己，并开始肯定自己——"我的工作就是照顾自己，关心自己，不伤害他人"，和自己对话——"我可以做自己最好的陪伴者"，避免不断找人诉苦，下定决心接受帮助，或者回到自己的内心，静心、冥想。当你可以为自己负责，好好靠近自己的情绪，愿意欣赏与爱自己时，就能将总是放在对方或爱情上的注意力移向自己，过好自己的人生，成为负责任的人，逐渐脱离无爱难活的状态。

§ 曾经的欢笑依然历历在目.

§ 却无论如何努力都走不出过去的阴影?

§ 面对失去,我们需要的不是"走出来",而是"走下去"。

§ 因为每一段刻骨铭心的经历都成就了更好的自己,

§ 而我们正要拥抱这样的自己,展开未来。

第三章

从分开到展开: 关系结束后的惶然

想分手却分不开？
——谈爱情里失去的自我

王雅涵

　　小瑶与小雯从高中起就是闺蜜，两人都是三十岁出头的女生了，已在社会上工作五六年，平时工作再忙碌，仍然经常相约见面。

　　某天，小雯约小瑶聚餐，两人聊起目前的工作，小瑶不禁哀怨地说着："唉！我好想辞职呀！这工作没有发展空间，升职也轮不到我，要不是为了工资，我真是没有动力在这家公司待下去了！"

　　小雯用半嘲笑的口吻回答说："我听你说要辞职，已经听了一百次啦！如果你真的离职了，我们就去庆祝一番，等你哦！"接着小雯话锋一转，"不说工作了，你跟男朋友小杰的进展怎么样啦？这个男友可以让你定下来了吧？"

小瑶顿了顿，双手转动桌上的杯子，低着头说："刚开始小杰确实很吸引我，我虽然不能自己完成骑摩托车环岛的梦想，但看着小杰骑着重机车，就好像是我自己驰骋在公路上一样畅快。只是你知道的，这么个潇洒浪子，我实在无法抓住他的心，每次小杰骑车出去，我都不知道他什么时候会回来陪我。"

原来是习惯了稳定的感觉

小瑶不是很喜欢自己的工作，总觉得没有足够的发展空间，不过也不知道自己还可以做什么，就这样默默地成为公司的资深员工。在台北生活许久的她，其实也不是很喜欢这座城市，不是很喜欢现在的生活环境，只是把这座城市当作旅人的休息站，却习惯性地继续待在这里。

小瑶不仅工作和生活环境如此，连感情也是一样。小瑶很喜欢骑摩托车环岛，所以总在这个环境下寻找自己的另一半，因为曾经出过车祸，加上工作忙碌，小瑶几乎没有再骑过摩托车了，会骑车的男友像是在帮她完成梦想，所以小杰的出现让她眼前一亮，但小瑶似乎很难抓住骑车男孩的心，因为他们总是飘忽不定。

其实没有很喜欢这份工作、没有很喜欢这座城市，也没有很喜欢自己的另一半，但小瑶已习惯了这份稳定的感觉。一开始因相同的兴趣而相识，但其实小瑶已经离骑摩托车环岛这个兴趣有点远了，只能用类似崇拜的心态，仰望着热爱骑车的小杰，而两人之间的心理距离已经在无形之间越来越大了。然而，就像想离职这件事一样，小瑶也曾经觉得这段食之无味、弃之可惜的感情让她很想分开，但又觉得现在这样也不错，要再找一个恋爱对象好麻烦，或许结婚后一切就会有所不同吧！

身边了解小瑶感情状况的朋友，常问她说："这样的感情继续维持着，真的有意义吗？你真的知道自己要什么吗？"

的确，小瑶似乎迷失了自己。她希望拥有稳定的家庭和工作、结婚生子，过着简单的生活，所以有份过得去的工作就好，能不能发挥所长，不重要；有份还算可以的感情就好，是不是真的很爱彼此，不重要；但是小瑶在这状态下越来越不快乐，且在关系中像是处在被掌控的位置，永远以对方的需求为主，不断地忽略自己的声音，只为了维持表面的"稳定"。

找回关系中的自己，比找到"稳定"重要

两个人成为情侣，就像共同踏上一段旅程，从陌生到熟识，从熟识到亲密；而分手，则代表一段关系的结束。如果可以，每个人都希望感情能一直持续下去。爱情的旅程中总有大大小小的

碰撞，有时碰撞能被修复，甚至替这段关系加分，有时却埋下了伤害的种子，直到某天再也无法走下去。

分手的原因始终是个谜，我们永远不知道这天会不会来临，它可能缓慢地随着双方的热情退去而到来；可能突然地发生，让人措手不及；也可能来来去去、分分合合地拉扯着。所以，分手不是可以简简单单就能做出的决定，而是在关系中不断权衡和摇摆后得出的结果，它是一个过程，而不是一个动作。双方在决定分手前后，都存在着哀伤失落的状态，我们可能接受适应，可能懊恼悔恨，可能祝福彼此，可能想要立即开展下一段关系，也可能重新享受单身的日子，而其中最辛苦的就是"拉拉扯扯，想分手却分不开"的情况。这时候，我们需要做以下两种练习：

练习看见自己

如果你自己不认识自己，不爱自己，当然会把所有的注意力放在对方身上，放在关系上，追求一个虚幻的"稳定"表象，让别人以为自己很幸福，但其实自己在其中感受不到快乐。恋爱关系一开始都是美好的，让对方看见闪耀的你，你也看见闪耀的对方，而不是只有对方无比闪耀，你却自以为地衬托着那个闪耀，这只会让你和对方都看不见你。这时候的稳定只是勉强拖延，不是真正因为双方互相欣赏喜欢而达到的平衡。

试着去表达自己的需求和不舒服，也练习在另一半面前展现真实的一面，接受自己的不完美，不轻易地接受他人的批评，不承担他人的情绪，不再一味地付出，试着打开心房，给予他人更多了解你和照顾你的机会。

相信自己是值得拥有美好的，看见自己的价值，寻找自我的动力，而不是把希望投射到他人身上。

小瑶拥有很好的特质，她是一个认真又有责任感的人，所以才能好好地经营工作和感情，虽说她时常感觉不到人生的意义，但其实这种特质依然是很受人推崇和羡慕的。

每个人都拥有不同且特别的价值，只是我们常常忽略自己的价值，甚至有许多自我设限的想法，例如："我这么差，有人爱我就该偷笑了。""我可能找不到更好的了。""如果我多付出一点，他就会更爱我了吧。"当我们出现这样的自我判断时，记得让脑子暂停一下，告诉自己："我是有价值的人，我是特别的人，我是值得被爱且能够爱人的人，而不是只能将就的人。"

小瑶因为看不见自己的价值，而将就在一段表面稳定的感情中，但若她能把眼光放回自己身上，在生活中为自己寻找动力和意义，像是参加长跑、规划一趟旅行，或是在网络学校中学习课程等，为自己发掘更多的可能，就不会停留在为他人而活的无奈现状中。到了这个时候，有了稳定的自我，有没有稳定的感情就没那么重要了。

练习拒绝

小瑶对工作和感情，都曾出现想要离开和结束的念头，但她始终不曾提出。大家常说她是个好人，更明确地说，她是个"不擅长拒绝"的人。

不擅长拒绝的背后，其实是害怕拒绝后可能被讨厌或会伤害他人，因此小瑶宁可自己承担所有的不开心，也不想承受让别人不开心而引发的罪恶感。

不过，健康的关系，应该是可以诚实地说出自己的感受，关系中的两人知道彼此的底线，才不会轻易地侵犯对方或被侵犯。小瑶认为拒绝带来的可能是结束、伤害，是不好的，但适当地拒绝和表达感受，才是爱自己的方式。唯有当你把不适合自己的结束掉，才有可能得到新的开始，也许是一份新的工作，也许是一段新的恋情，也许是让别人更加了解你，当然也可能是让自己更加看见自我。

"在爱情中看不见自己，想分手却分不开，甚至对许多事渐渐失去热情"，这听起来是很辛苦的状态，但当你处于这样的状态时，我想告诉你 这是个找回自己的绝佳时刻，记得每天对自己说："我是有价值的人，我是特别的人，我是值得被爱且能够爱人的人。"愿这句话，成为帮助你一天天逐步成长的良药，不再为不适合的关系纠结 不再为不适合的环境勉强自己。

我们之间还有可能吗？
——谈爱情里挽回、复合的四道课题

林佳慧

"分手到现在已经□个月了，因为我们有共同朋友，所以难免还是会碰面，说不在意是骗人的，甚至我想过好多次……我们真的不可能了吗？我们还有机会复合吗？"

小贞缓慢地说着，毕竟说出这字字句句是那么不容易。"他曾经是我这么重要的人，我好舍不得他离开，我好难过，而且我想了又想，其实当初的问题并没有严重到一定得分开，可是我又好担心，他愿意和我复合吗？也好害怕，复合之后呢？我们真的会一直走下去吗？"说着说着，小贞提出了越来越多的疑问，也更意识到了自己的难过伤心、担心和害怕。

伤痛推着我们去挽回

分手，意味着两个人的关系改变了，在心理和现实生活上都将会有很大的变动，要从两个人的生活模式走入一个人的生活，因此分手后需要一段时间做心理上的调适，现实生活上的适应，而这调适和适应的过程时常带来强烈的情绪，令人难受、痛苦，甚至感觉到撕心裂肺的伤痛，尤其如果突然地经历分手，则更是如此。

有些人借由忙碌，隔绝自己的情绪，逃避面对心中的伤；有些人不断地要求和苛责自己，当情绪出现时便责备自己怎么还没振作起来；有些人因心中的愤怒、不平，而变得憎恨对方；有些人尝试着去修补关系，试图挽回逝去的爱情……这些都是非常自然而然会出现的对应机制，而其中"挽回"时常是无法避免的念头和反应，因为接触和面对伤口是这么难熬，所以我们会下意识地通过各种方式自我保护，这时候，回到旧有的模式是看似最直接又容易的方法。

分手后不久的挽回，很容易让双方重新在一起，因为无论你是提分手的一方还是被分手的一方，双方此刻都处在情伤的苦痛中，这个伤痛推着你们选择再回到以前习惯的关系、习惯的心理状态、习惯的生活模式里。

过去比较美好？我们可以回到过去吗

不论在什么理由及状况下分手，分开最核心的因素是"我不爱你了"，因而当你浮现复合的想法时，请先问问自己："是什么原因让我想挽回一个已经不爱我的人？"

在分手后想起过去，或许你会和小贞一样，觉得其实当时遇到的问题并没有严重到必须分手，但活在此时此刻的你，不需要承担当时的辛苦，又怎么能为过去的你发声呢？你怀念过去，真的是因为过去比较美好吗？其实不是的，很多时候是因为现在的你太煎熬，而'不需再承担痛苦的过去"与"正在经历着痛苦的现在"相比之下显得美好。

接着，你可能像小贞一样疑惑，你和他是不是还有可能回到过去？对方愿意吗？如果愿意，你们能回到像过去那样的幸福甜蜜中吗？

亲爱的，你认为复合是件困难的事吗？我会说，比复合更困难的是"复合后的相处"。当初选择分开，必然是你们之间的关系面临困境，有些问题是需要共同面对和处理的，如果关系中的两人并未正视原先导致分手的问题，以及没有给予彼此时间和空间处理关系问题和各自的情伤，就再次在一起，那么这段关系仍将存在着过去的困境，而且还交杂着两个人内在的伤痛，要维系这样的关系，是非常大的挑战！我们经历过的一切不可能抹去或视而不见，所以你说，还能回到过去吗？你们之间还有可能吗？在回答这个问题前，需要先接触、面对、走过自己内心的四道课题。

从"心"决定，从今以后我陪自己走

请你清楚明白地在心里告诉自己："我们已经分开了，他已经离开我了，从今以后，我会负担起照顾自己的责任，过我自己的生活。"无论你们是不是还会有未来，都需要一段时间、空间，去正视并处理关系中的问题以及你们各自的情伤，所以第一道课题，是非常重要的开端。你需要在心里为自己做一个决定，让自己接受已经分手的事实，并向自己承诺，从今往后，你将负担起自我照顾的责任，陪伴自己好好地向前走。

设一道墙，是对自己残忍的温柔

除了在心里做出明确的决定、和自己约定与承诺之外，你需要为自己设立一道"现实生活中无形的高墙"，避免和他产生任何接触，无论面对面还是在社交软件上，都要尽量减少！我知道这真的很残忍，很难做到，但相比于藕断丝连带来的黏腻、不确

定，以及最终极度容易破碎的希望，这是对自己最残忍的温柔。

至于这道高墙要设立多久，或许是半年、一年，有些人甚至需要三四年，又或是更长久的时间，直到你和他之间不再有"相互需要的情愫"，再逐渐矮化这道高墙。

忠于情绪，并建立外在支持系统

失恋后，心中出现伤心、难过、愤怒、不平、恐惧、嫉妒、惊吓、无法接受等情绪都是非常正常的，请不要责怪自己，也别急着逼迫自己快点好起来，当你越是责怪和逼迫，你会发现你自己离所谓的"好起来"越遥远。还有，千万不要过度地借由酒精、购物、吸烟等任何成瘾的行为来麻痹自己，麻痹是在"隔绝自己的感觉"，而你多用力隔离和压抑情绪，情绪就会有多大的反弹力，因此时常在苏醒后，你会觉得原先的痛苦仿佛变得更多也更紊乱了。

你需要给自己时间，一步步慢慢地靠近和接触自己的情绪，真实地感受你的情绪，并在安全的情况下，忠于内心地去释放和表达你的情绪，以及请你静下心问自己："当我需要帮助时，谁会是我愿意求助的对象？"为自己列一个有排序的支持清单，允许自己脆弱，也给予他人陪伴你的机会。

正视问题，从伤痛中习得关系课题

当你能够靠近、接触、感受、表达你的情绪后，你可以尝试着去看，你们的关系究竟遇到了什么样的困境，才最终走向了分开？关系是由两个人的互动共同构建出来的，所以对关系中的问题，两个人必然都要负责任。你可以想想看自己的问题是什么，而你的问题，正是你可以从伤痛中学习的关系课题。很重要的是，请记得，这个思考并非是为了修复已逝去的恋情而做，这是为你自己而思考的，是为了让你能更享受下一段关系而思考的。

最后的小提醒是，关系结束后的失落，许多时候并不亚于生死离别的悲痛，而亲密关系中的课题，许多时候是我们一生中不断经历的人生课题，因此若有需要，请务必接受专业的心理咨询。

亲爱的，这四个课题很可能会循环反复地进行，而你需要允许自己有一段时间是脆弱且需要陪伴的，并耐心地去接触、去面对、去经历这每一个课题，最后你才可以选择回过头问自己："我们之间还有可能吗？"此时，无论你决定复合与否，都将会是一个已疗愈情伤、可以面对及处理好关系困境的全新的你，与另一半相遇，去经营一段全新的关系，开启一段全新的旅程。

为什么他要跟我分手？
——谈爱情里的分离与自我苛责

吴姵莹

　　"为什么他要跟我分手？为什么他最终还是没有选择我？"艾莉看着我，哭得泪眼婆娑，"我哪里不好？哪里比不上别人？为什么要抛弃我？为什么要丢下我？为什么被背叛的人总是我？一定是我不够漂亮，不够有吸引力。我怎么样才能改变？我到底该怎么做？"

　　艾莉难过又生气，甚至开始觉得自己不够好，怀疑自己的价值。她的心碎了一地，因为他没有选择她，她失去了他，同时失去对自己的认可，更失去自己的价值。她痛苦地告诉我，不知道活着还能做什么，如果自己真的这么好，他又为什么选择离开……

他的选择，和你的价值无关

我听过一个又一个这样的故事，而这些女孩最终在流完了眼泪后，最为关键性的感悟与深刻的思维转换就在于："他的选择与我的价值无关！"

就如同有时候我们的选择与他人的价值无关，往往是由我们当时的需求与状态而决定的一样。例如："我觉得我们的价值观和背景都相差太大了，相处起来应该会有很多问题。""我没办法接受异地恋，所以只能选择其他人。""我对经济条件有一定的标准，因为我希望可以维持目前的生活质量。"这些选择的原因，其实都跟那个人好不好、值不值得爱丝毫无关。

而你沉浸在痛苦里往往是因为，你认为他人的选择与你的价值是连在一起的，都是因为你不够好、不够美、不够有钱……可是，真的是这样吗？

分离是一种缘尽

分离，是一起生活的缘分结束，你必定听过无数次这种老掉牙的说法，但这句话忠实地呈现出：两人选择了不同的人生道路、生活方式，也选择了不同的想法、理念。

随着分离所带来的，是必然的伤心和失落，因为曾经用心爱过，付出过。我们会经历伤心和失落，但我们不曾学过怎么面对，我们会对心碎的感觉无能为力，讨厌这种无力改变的事实，而在此之前，我们努力不让它发生，因为我们害怕伤心，害怕失落，害怕面对无能为力的自己，也觉得那样的自己是极为糟糕、不被喜欢、没有价值的。

分开有时候之所以痛苦，是因为我们觉得他人选择了离开，就是一种对自己的不认同、不喜欢，甚至是一种背叛，更是一种抛弃。因此在伤心的过程中，因为我们无法处理的情绪，而衍生出一种"我是不好的""我会被背叛""我会被抛弃""他们不要我"的心理感受，深刻地停留在我们的心智里，成为我们去爱与被爱的阻碍，也妨碍我们相信自己，肯定自己值得幸福。

可是，亲爱的，其实不是的。分离，是一种缘尽，是一种两人对未来不同的选择，它无关乎价值。

你说："他离开我，他的未来没有我，所以代表我是不好的，不值得被爱的，否则他为何不选择我？"不，那是因为他选择了不同的生活，而你的生活方式不适合他，你的生活方式其实适合另一个人。

你说："他没有跟我在一起，他甚至没有考虑一下就离开了，是不是代表我不吸引人，我是个没有魅力的人？"不，那是因为他就是有自己的喜好，他就是无法把你当爱人一般看待，而会有另一个人适合当你的爱人。

你说："他劈腿、花心、跟其他人在一起，难道是我不够好，无法满足他？"不，那是因为他无法被一个人满足，而他还无法在不够满足的关系里选择忠诚与专一。

然后你说："我不要！我不甘心！"

其实你只是笼罩在失去的强烈情绪里，因为痛苦会把你对自己的怀疑过度放大，甚至会让你感觉到世界的崩塌，但这份伤心与失落在经历之后，都会成为你人生的养分，而不会削弱你的个人价值。

分离不会带走你的价值

当你真正去面对你内在的感受时，你会发现，失落和伤心在你生命中起着重大作用，一个协助你度过生命的转换期，一个则让你珍惜眼前、重视当下，因为人总是会分离，环境总是会改变，这是永远不变的定律。

所以，亲爱的，不用害怕分离，你只要坦诚真挚地面对生活的每一刻，只要用心尽力地面对你自己，也面对关系，只要享受在每一个生命的过程里，也承接每一个生命过程带给你的考验，因为分离不会带走你的价值，除非你将价值建构在他人对你的回应、他人的生命上。

分离带给你的伤心，只是你生活与生命中的一部分和一阶段，不会是全部，只要你坦诚地面对失去的难过，尽情地体验"不如你意"的结果所导致的失落，你会发现你松开的，就是大家口中的"执着"，而体会到无比的自由。

告别心碎的秘诀：不再为他的选择苛责自己

想一想，是什么原因不断让你觉得是自己不好，导致别人不选择你？又是什么让你如此在乎他人的眼光跟行为？在工作实践中我们注意到，往往当你小时候不断出现"他人经常会怪罪你"的想法，你就会非常容易承接他人的眼光，而觉得是自己不好。

例如："我就是因为你，才没有跟你爸／妈离婚！""都是因为你没有好好念书，我才会被人看不起！""你为什么不能听话一点，没看到我这么辛苦吗？"那种"都是我的错"的感觉在成长过程中不断被强化，而让你容易在他人的行为中找寻自己的身影和价值，也赋予他人极大的权利左右你的心思，因而你在关系中不断失去自我的声音和立场，最终也失去在关系中的吸引力。

亲爱的，请开始回到自己身上，当你能逐渐开始爱自己时，你会有能量重新回顾过往每段"爱的经验"，试着去读懂当中夹杂着的复杂感受，是如何使你产生负面的自我对话、自我苛责，而让你恐惧分离、害怕失去爱。

唯有你看见自己的价值，同时将他人的选择与你的价值分开，不再为他人的选择难过，也不再为他人的情绪反应起伏，你才能感受到心里的自由与自信，因为你就是你，你就是那个独特又活出自我的人。而当你看见自己的价值，把自己爱回来，你自然可以回到最初的自己，不再为每一次的分离而在低谷里徘徊。

有时候，即便你再好也得不到对方的爱

我曾经很爱一个人，到后来我们成了很要好的朋友，而如今我们也有很深的友谊与清楚的友谊界限。

有一天我告诉他："我后来决定不再爱你了。"我们其实一直都能很坦诚地说出自己的感受，我当时这么说："我发现我再怎么努力变好，你也不可能爱上我。我身上少了能让你爱上的特质。我知道我永远做不到这件事。"

那个过去的我，曾经因为伤心而把自己搞得不成人形，也因为自我厌恶一天到晚想要整形，就为了那张可以再美一些的皮

相，就为了换取他的赞赏，却发现我越是努力做这些，越是把他推得更远，因为这从来不是他要的爱。

所以虽然分开令你难受，但千万不要为了得到一个人的垂怜与认可，才想努力让自己变好、变美；也千万不要因为一个人不愿意看你和爱你，就拼命嫌弃和厌恶自己。因为他很有可能永远都不会爱你，并不是因为你不好，而是因为他"无法去爱"。

你真正要做的，是让自己变好，去过你打从心底相信你值得的人生，而那一个值得的人，也值得拥有你。

亲爱的，让分手后的伤痛和泪水，成为滋养你人生的养分。放开自我苛责，开始疼惜自己，你就能顺利又快速地度过人生分离的篇章，开启爱的新页。

为了你，我决定离开你？
——谈爱情里的越界承担与课题分离

林佳慧

　　"我不曾想过这样的事会发生在我身上，几年前的尘爆事件让我近乎体无完肤，连我都好难面对这样的自己，我怎么可以拖累她？"小杨从没想过这样仿佛只会发生在社会新闻里的意外，竟发生在他的生活中，过了这么多年他才能开始谈及这段过往。

　　"当时我不知道怎么告诉她，我很怕吓坏了她，也不想让她看到我这个样子，所以我选择不告而别。再痛，我也强逼着自己断绝和她的所有联系，为了她好，我决心离开她。"小杨说得坚定，但在他深吸一口气时，我仿佛听见很深很深的遗憾、伤心、无奈、痛苦。

　　小杨接着说："其实这几年，我一直通过共同的朋友关心着她，我知道她还是单身，也还在情伤的痛苦中。我又何尝不难过？

可是我还能怎么做呢？为了她好，我必须离开她。"

再一次，小杨说"为了她，而决定离开她"，可以想见在多少个痛得快喘不过气的夜里，他是这样一次又一次地说服着自己，说着自己都快不相信的话，来压抑快崩溃了的伤痛。

为他好，真的是一种担当或浪漫吗

在中华文化中成长的我们，多半隐微地学会了男性的角色要有担当、女性的角色需要照顾人，而小杨选择独自一人面对尘爆伤后的康复过程，正是社会主流价值中有担当的展现，也很可能身旁的亲朋好友们会认为小杨不仅有担当，不让对方负起照顾自己的重大责任，这种全心全意为对方考虑的心思和行为还很浪漫。在偶像剧或电影中也不乏这样的情节，这类剧情和影片时常得到广泛的好评，但这样的情况令我捏把冷汗。

你以为的浪漫，其实是一种"越界承担"

突如其来的分手，对任何人而言都像突然发生了惊天动地的灾难，可能造成极度的惊吓和失落，也很可能使对方一直难以接受而不断地期盼、等待，所以你自以为"为对方好"而做出的浪漫行为，其实是种过度承担，是残忍地剥夺了对方的选择权——决定是否与你共同面对的选择权。

更深入地去看，这当中有一个明显的想法是"我是为了他好"，而这其实是"我比他更知道他需要什么""我比他更有能力做这个决定""我不相信他会和我一起承担面对"的潜台词，所以你跨越了界限扛起对方的责任，为对方做了决定。你只顾着要为他付出，但忽略了他的需要，你只依照着自己的想法行事，认为他需要什么，就给他，并逼迫他接受。虽说分手本就是单方面的事，不需要对方同意，但小杨将分开当成是出于爱意的付出，很可能根本不是对方想要的，而原先的善意却成了最残酷的伤害。同时，小杨不够相信对方有足够的心理强度可以接受这个事实，也不够信任她有能力一起承受生命中的难题和挑战。

越界承担中藏有过往的家庭经历

除了社会价值观的影响，越界承担的习惯中，时常藏有过往家庭相处互动的经验。

每个人第一段与他人联结的关系，都是在家庭中和主要照顾者间的依附关系，因而那将建构我们与人互动的基础模型，加上对年纪小的我们而言，主要照顾者就是我们的全世界，保护并维系依附关系，是我们行为最核心的目的，为此，我们会衍生出一套能有效达成这个目的、帮助我们生存的"内在心理运作模式"和"外在人际互动策略"，我们会内化主要照顾者对待我们的方式，且用这个方式来对待自己及对待他人。

因此，如果在家庭中，你的主要照顾者常过度越界，扛起了属于你需要承担面对的问题，为了维系这段关系，你很可能被养成一个"大孩子"，即使年纪增长，仍难以承担属于自己的课题，为自己负责，甚至以为越界承担是爱的表现，而陷入自己和他人关系界限不清、相互越界的情况。在进入亲密关系，与另一半相处时，你很可能会跨越界限，进到对方的课题中，代替对方做决定，甚至以此作为一种表达爱的方式。

另一种情况是，在家庭关系里有"三角关系"的状态，而你身在三角关系中，很容易使得你分不清人我的关系界限，而越界承担。三角关系是指，当父母相处间有冲突时，会自然地引入第三个人来减轻两个人之间的情绪压力，最常见的是父母将共同焦点放在孩子身上，一起处理孩子的问题，以避开两个人原先的冲突，降低焦虑，而这样的孩子在成长过程中很可能会有许多问题行为，如：违反校规、打架闹事、体弱多病等。又或是父母其中一方时常对孩子诉说自己的难处和压力，而这样的孩子很可能选择支持父母其中一方，成为父亲或母亲的情绪配偶。

无论是哪一种状况，处在三角关系中的孩子，都过度地承担了属于父母而不属于自己的情绪和责任，这样的状态确实增加了家庭的稳定性，但也导致三角关系中的孩子无法发展出心理与情绪上的分化，使自己与他人的关系界限不清楚，当进入亲密关系时，便与另一半关系界限不清，而不自觉地跨越界限，过度承担。

那么，怎么做才不会让你的爱变成过度承担、越界负责，残忍地剥夺了对方的选择权呢？我会说，真正的"为了他"就是两个人界限清楚、课题分离，在你照顾对方的同时，也照顾自己。

真正的"为了他"，是同时照顾到自己和对方

诚实面对：放下防卫，面对并承认自己的渴望和担心

当你面临重大的巨变或创伤事件，身体和心理都遭受着极大的打击，如此脆弱的你，心里却仍想着如何能不拖累对方、如何照顾对方，这的确非常值得鼓励；但亲爱的，我们永远只有在照顾和安顿好自己的前提下，才能真正地照顾到他人，因此请你先停下来，诚实地问问自己：现在的我需要什么？我想要什么？我担心什么？

当小杨能够放下防卫、诚实地面对自己、接近自己的情绪

时，他很可能会发现脆弱的自己怕极了孤单，非常需要他人的陪伴与支持。小杨想要自己的家人和爱人陪自己面对接下来反复的身体复健以及心理煎熬，但又非常担心拖垮了对方，或怕被对方拒绝。

课题分离：相信对方，并将属于对方的选择权交还给他

在做任何决定前，请先思考"这个决定带来的后果，最终将由谁承担？"答案是谁，这个决定的选择权就属于谁，而这个课题就是谁的课题。

"他是否愿意和我共同面对接下来的身心煎熬？"显而易见地，这决定的后果最终将由对方承担，而一直背负着对方课题的小杨，其实是一直背负着随时可能倾泻而出的遗憾和难过，加重了自己生命的负担，使自己生活得更加沉重。

然而，对方才是他自己的主人，他最清楚自己需要什么，他也是唯一有权利为自己做决定的人，请相信他有能力在知道你的状况后，为自己做出最合适的选择，而这样的信任和尊重也才是真正地照顾到了对方。因此，你需要做的就是，把你此刻面临的困境、你的需要和想法，以及你的担心告诉他，同时询问他："你是否愿意和我一起面对眼前的艰难，继续一起走下去？"

尊重感谢：尊重他的决定，无论结果如何都继续向前走

我们告诉对方我们的状态、询问对方，是我们坦诚地面对自己、正视眼前的困难，并承担起自己的课题；而对方如何反应、如何决定，这是对方的课题，对于他人的选择，我们能做的是尊重和感谢。

如果他选择离开，你可以感谢和祝福他，并且对自己诚实，好好地面对自己内心的失落，承认心里的情绪，允许自己表达伤心难过，允许自己需要一段时间恢复，同时也在需要时向他人求助，允许他人陪伴和支持自己；如果他选择留下，你要感谢并邀请他一起讨论接下来的生活该如何安排等细节，每个人的人生都只能由自己照顾，所以无论结果如何，你都将承担起身心复原的责任，而他也将对自己选择离开与否的后果负责任，你们都将继续向前走完你们的人生路。

越是亲密的关系，身在其中者越需要有意识地做到课题分离。然而，课题分离常是一生的课题，实践起来很不容易，需要不断在关系中自我觉察与提醒，当觉察到自己好像正在跨越关系界限、越界承担时，请深呼吸，停下来问问自己："这个决定的后果最终将由谁承担？"提醒自己，承担属于自己的课题与责任、把属于他人的课题归还给对方。课题分离是对自己和对方的信

任、尊重与照顾，唯有不过度涉入他人的课题，不越界承担，在爱里的两人才能真正地享受及投入这段关系中。

如何面对爱情坍塌的时刻？
——觉察自我面对分手的应对模式

杨瑞玉

　　"你不要急着挂，陪我聊聊天嘛！"意识到阿强急着想要结束话题，小娟赶紧说。

　　"好啊，要聊什么？"阿强问。"我不知道，以前你都会找话题跟我聊，你找个话题我们来聊天嘛！"小娟娇嗔道。这却惹得阿强很无奈，叹了口气说："我也不知道啊！聊你的工作你不开心，聊我的学校生活你也不高兴，聊我的论文研究你又听不懂，你要不就是想聊我们的大学生活，要不就是想安排约会，但你明明知道我现在没有时间……"

　　小娟正想解释，阿强马上接着说："好了，我不想跟你吵架，先这样吧！爱你，拜拜。"

　　小娟和阿强是一对从大二开始交往的情侣，大学时期两人有

201

共同朋友，虽然学的是不同专业，参加的是不同社团，但是两人还是有说不完的话，只要在一起就都能感觉到幸福开心。毕业后阿强选择继续攻读研究生，小娟选择就业，第一年阿强课业还算轻松，小娟贴心支付较多吃饭、出游的花费，两人常利用周末到处游玩，社交网站打卡记录着漂亮的风景、好吃的餐点、开心的合照，朋友圈下边更有一长串羡慕两人恩爱的留言评论。

直到两人进入交往的第五年，彼此间的互动变得像是家人一样，不再像暧昧期、热恋期时，会为对方精心打扮才赴约；而对方分享的事情，不是听过的，就是可预料的内容，彼此都很难专注倾听，更别说好奇或热情回应，即使都曾表达过被冷落的感觉，但也同意彼此都没有恶意。

后来阿强忙于课业论文，周末经常待在学校，跟小娟的约会频率自然降低了。或许是为了享受最后的学生时光，空闲时阿强总跟同学一起打球运动、讨论课业或聊天；小娟面对工作压力，加上跟阿强的生活距离，常觉得孤单无助，听电话中阿强说着愉快丰富的生活，开始表达希望阿强更在意自己，甚至提出应该排除万难约会的要求，这确实让阿强感到为难，两人吵架的次数也越来越多。时好时坏的互动持续了半年多，小娟的情绪越来越难被安抚，阿强最后以"自知工作后无法兼顾感情，不想继续委屈小娟"的自责口吻提出分手。

当爱情遇上意外，你会如何应对

一个人的故事，可以因为 N 个原因，写出 N 种结局。当要说两个人的爱情故事时，N 个原因 $\times M$ 个原因 $= \infty$ 个剧本。可惜的是，不是每个剧本都会有"从此以后，王子跟公主过着幸福快乐的生活"的结局。

我常在咨询中将突然被提分手的爱情比喻成车祸，有时真的不是自己小心就不会出事，困难往往在于：身为"被撞"的一方，意外来临时该如何面对？

以下列出三种模式，三种模式中各有三种不同想法，而不同想法形成了不同的爱情状态类型，以及自我帮助的方法。看看你属于哪一种，可以如何帮助自己呢？

模式一：装作没事，急着离开

明明是受害者，却在车祸现场选择不追究，甚至想快速离开现场。

常见想法：

A. 有更重要的急事，不想花时间处理车祸纠纷。

B. 自己或车辆有问题，不想等警方介入。

C. 认定彼此都有错，接受意外可能发生。

爱情状态及自我帮助方法

A. 高度防卫型

虽然生命中本不该只有爱情，还有许多需要关注的事。然而，当刻意选择将思绪放在工作或家人上，忽略爱情的伤，选择压抑情绪或开启防卫机制，或许可以较快离开伤痛，只是偶尔会在这类人身上看到未经处理、一碰就痛的伤痕，甚至因为伤口没有处理而发炎，形成更严重的伤，碰都碰不得。

这里鼓励你多觉察自己的状态，看见自己身上的伤痕。即使选择对外表现一切如常，也需要给自己一点疗伤的空间与时间，好好照顾自己。

B. 理性分析型

你其实知道自己的爱情已经变质，只是对方先提了，承担起提出分手的责任，因此你比较像是受害者，若对方还主动赔偿，你几乎算是赚到。理性分析者并非不会伤心难过，只是早就认定情势难以挽回，所有的沟通尝试都只是徒劳无功，更不想被人说成还深爱着对方，或被认为是遭到遗弃的弱者，所以连讲清楚也觉得没有必要，就直接同意结束。

鼓励对外表现坚强的你，等到一切风平浪静之后，如果发现自己不再坚强，记得好好照顾自己，面对感情变动的遗憾。

C. 无意反击型

或许是过去自己或他人的经验，早已认知情感从萌芽到结束，不是单方面可控制或决定的，因此选择最平静快速的处理方法，知道自己受伤，也接受不全然是对方的责任，选择承受情感结束的遗憾。无意反击者，通常比理性分析者带点自卑，因此恋爱过程中也保持可能分手的心理准备；即使是对方提出分手，也可能会先检讨自己的错。

在接受感情结束的遗憾之余，你该为沉默的自己做点什么，或许是整理自己的成长经验、参与心理课程，认识预期失败的性格从何而来，又是怎么影响自己的。

模式二：停在原地，坚持不让对方离开

发生意外时紧抓着对方，针对其犯错的部分不断指责，要对方认真处理；或反复述说自己的损伤，要对方负责；或坚持报警，而当警察无法为自己争取公道时，就要求更高层级的"公正第三方"协助。

常见想法

A. 觉得对方不想负责，会逃避责任。

B. 觉得对方责任较大，要当场清楚判定，不然自己会吃亏，因而积极找公证人帮忙做证。

C. 不愿承认自己也有错，即使第三方指正，也认定是其智慧能力不足，总归不是自己的错。

爱情状态及自我帮助方法

A. 人定胜天型

早就因为对方个性或相处中的蛛丝马迹，而在第一时间认定自己会被狠狠抛下，因此紧抓着对方不放。不允许自己被抛下，因为认定爱情中最终的目标就是继续交往并修正目前的错误，认为只有对于爱情这样坚定，才能创造出感动人心的爱情故事，但在愿意加油努力的同时，记得多听听对方表达的内容，毕竟最美的爱情是两心相许的浪漫旋律，而不是拔河的角逐较量。

B. 委屈被害型

自认是爱情中的付出者，也是受害者，无法接受过往全心付出却被伤害。因无法消化情绪，而到处找人诉说自己的委屈，想听到别人的肯定、支持与安慰，希望能让自己好过一些。

不想分手，因为还没做好心理准备而感到委屈，都是可以理解的，心情确实需要慢慢地平复。但如果持续反复停留在委屈诉说的状态，就该思考、理解自己纠结的关键何在，会不会是自己不甘心受伤，而不是非对方不可？

C. 绝对没错型

除了上述委屈外，有更多的愤怒，常会对提出分手者有诸多诅咒责骂，当听到自己多少也有责任时，更是无法接受，毕竟大多数是没机会再次当面责骂的情况，愤怒的情绪甚至得向朋友发泄。这样的痛苦，谁都不该持续承受，不论是你还是朋友。因此，请对自己好一点，先暂停让自己继续待在痛苦中的诅咒言论，静下来聆听自己，或许听到的只是舍不得自己受伤的呐喊。

模式三：停在原地，不停呐喊

虽然知道发生意外，甚至满身是伤，对方早已离开，但自己仿佛仍停在车祸现场，沉浸在惊吓、失魂落魄的反应中，或喃喃自语着"怎么会这样""不应该会这样啊"。

常见想法：

A. 惊吓过度。

B. 不愿承认发生车祸。

C. 认为自己很小心，想找出忽略的重点。

爱情状态及自我帮助方法

A. 暂停冷冻型

在没有预期的状况下发生情变，处于惊吓阶段，一时不知道该如何反应而停留在原地。这种情况下，需要增加身体感官的感知力，可以多做些深呼吸，感受身体的规律起伏；也可以接触按摩自己，借由触碰照顾自己。这些方法都能在无法思考的片刻，直接照顾并感受自己，帮助自己回到当下，再慢慢接受遗憾的事实已经发生。

B. 鸵鸟埋沙型

有些人虽然听到对方提出分手，即使早就意识到感情出了问题，但一直不愿意承认面对，很希望听到对方能说出一句"开玩笑的""闹着玩的""Surprise"，任何一个还愿意继续走下去的讯号，这个恐怖的危机就解除了。

仿佛留在原地，希望对方回头时还能找到自己，并为此选择不离开。通常这是较安静的类型，不会造成身边朋友太多的困扰，只会让大家担心不舍。

爱情结束何时该放手，确实因人而异，但千万别忘记，爱情之外的家庭、工作及人际等生活方面，都该维持原有的参与度。持续贴近观察自己，只要无法维持平衡状态，或许就该找人谈谈。

C. 检讨验算型

知道爱情出了状况，或许也接受分手的结果，通常表现得比较平静，持续情绪低落。会不时回想整段感情过程，一直想知道究竟自己哪里疏忽了，怎么会导致分手的结局。

停在这里的你，应该是想要找出错误，避免未来再犯同样的错误。不过，人其实是非常复杂的，一个人的故事很难说得简单清楚，更何况是两个人互动的版本，不同组合就不会有一模一样的故事。如果还不能放心地相信自己更懂爱情，那就多看多听其他人的爱情故事吧！希望你会懂，任何精彩的故事都只能回味，唯有带着冒险的心迈步向前，才是真实的感受。

上述模式，并非代表所有的应对模式，但在实务经验中能帮助意外遭受分手的朋友觉察个人的因应模式及相对应的内在主观状态，希望能帮你更认识爱情中的自己，尝试帮助自己面对爱情中的意外。

为什么分手这么久还走不出来？
——谈五种让情伤更伤的抗拒

吴姵莹

"已经分手这么久了，为什么我还走不出来？好像所有人都在前进，只有我一直在痛苦里原地踏步，为什么？为什么受伤、痛苦的是我？为什么这么不公平？到底还要多久我才会好起来？"

这世上的分手有千百万种情况，但无论是分手者还是被分手者，多半都拥有类似的心情，愤怒、悲伤、心碎、后悔、不解、自责等，但过了一段时间，有些人逐渐恢复，往前走向新的人生阶段，而有的人则选择停留，将自己捆绑在原地，害怕有天对方回头会找不到自己。

你为自己做了什么

先问问自己，面对分手时，你是怎么处理自己的情绪的？到

211

目前为止，你为自己做了些什么？有哪些做法帮助了你？有哪些没有？

许多人面临分手的情况，常常就是以为时间可以让人淡忘一切，可以让自己不再伤痛，伤口不去碰就会好了，不去看就没事了。我们害怕碰触自己的情绪，害怕再往下挖掘会看到一些自己不想面对的事情，害怕挖掘到底自己会痛彻心扉，会崩溃。然而，在这样的过程中，我们究竟为自己做过什么呢？还是我们的整颗心都只放在对方身上，一心只想着挽回对方？

分手是适应转变的过程

分手是一连串的适应过程，无论是外在适应——生活模式的改变，还是内在适应——自我状态的调整，包含情绪依赖模式的改变、身份角色的转变、人格自尊与自我价值的质疑、未来构想的改变，甚至是世界观的冲击与改变——开始质疑这世间有真正的爱吗，人活着有什么意义，等等。

无论你是哪一种，因为正面临着情境的转变而有所不适是正常的，但当你极力抗拒改变又不得不变时，就会发生几种抗拒的模式，反而让你的情伤持续更久。接着，我们就来谈这五种抗拒的模式。

五种让情伤延长的抗拒模式

第一种：你在等答案吗

很多人分手后第一件事情就是问："为什么？"觉得对方说得不清不楚，所以被卡在这段关系中不上不下，很想知道对方分手的真正理由究竟是什么。

在一开始，关系很有吸引力的状态里，你可能觉得"哇！他好有主见、非常有想法"，在一起后才发现他非常难沟通、很不愿意妥协，所以，如果你们没办法在爱情里取得共识的话，"相互吸引力"往往会成为爱情最终的毒药。又或者，其实当你仔细回头思考你们的亲密关系时，也许你的另一半已经不断告诉你他受不了什么、哪个部分使他没办法再继续经营下去，也许他已经告诉过你，但你没有察觉到事情的严重性，直到最后一刻分开了，你才惊觉失去了对方！

亲爱的，分手的理由有千百种，但其实真正的原因就是"他不爱你了"。很多人不能接受这样的答案，不论对方是否真的说出口，但他的选择与行为已经告诉了我们答案，我们必须去正视他的行为，去正视真正的答案——他不爱你了，我们才有办法放过自己，好好地陪伴自己并自我疗愈。

治疗的解药

请你从不断想问对方"为什么"的执念中，回到你的伤口上，问自己"怎么了"，从你自己的伤口、你亲身的经历里去找寻答案。你有没有很难过？你有没有很痛苦？分手后的受伤感是很强烈的，你要好好地去审视自己的伤口，知道自己现在的状态到底如何，然后问自己：我还要继续让这样子的自己受伤吗？我还要苦苦等待答案吗？因为答案已经昭然若揭，痛苦的自己才是你应该面对的现实。

第二种：把爱人神格化

有些人会把另一半想得像男神／女神一样美好，为什么会这样呢？如果你的另一半条件比你好，或你自己主观觉得他很棒，你会一直觉得他各方面都比你优秀，可以跟他在一起是你的福分。在这样的情况下，一旦分手了，每次回忆都是"美好"的部分，你其实会忘记或者最小化过去的"不美好"，那些让你受伤、觉得不舒服、委屈的地方，当你越思念对方，就越讨厌自己，甚至越贬低自己，认为自己只要改变，改掉所有对方不喜欢的行为，对方就会回到你身边。

但是，他真的有那么好吗？你真的有那么糟糕吗？如果在他眼中你没有美好的部分，他又怎么会选择跟你在一起呢？难道你们之间的争吵和摩擦，全都是你的问题？难道你没有发现你们之间的种种不合适？假使你们现在复合了，这样的相处模式，真的能保证你们的感情走向幸福快乐的结局吗？

治疗的解药

请你开始"去神格化"，以及练习提高自己。"去神格化"就是把对方从神坛上拿下，认真而且客观地去思考，究竟这段关系为什么会走到结尾？他的问题在哪里？理性地去看待每一件争执的脉络。而提高自己，就是去帮助自己成为更好的人，不论是外在条件还是内在条件，请你试着去让自己变得更好。

第三种：木乃伊化

在分手后，仍会将对方的物品留在自己的房内，并保持原状。这样的情况，如果在情感结束的初期，也许几个星期到一个月内发生的话，其实是可以接受的。因为很多人在刚开始面对分开的剧烈疼痛时，需要保留一些心力去感受到"仍跟对方联结的安全感"。可是，如果这样的情况已经长达三个月甚至长达半年之久的话，就需要尽快让自己离开这个状态了，因为看到任何与对方有关的蛛丝马迹，就会沉浸在悲伤中而久久无法释放出来。

房间堆满东西，久了会累积灰尘，空气也无法流通，会让人生病，而你的心房也是如此。

治疗的解药

如果不想要连呼吸都变成一种痛，好好去正视这些还保留在你房间的物品，你有没有重新整理过？如果你重新整理，做一些分类，那是一种从物理转移到心理的仪式，象征着"他在我心里的位置已经调整过了"，那这样是可以的。

但如果完全没有，那你心里是不是完全不想为这件事做任何变动？你还是在心里保留了他原本的位置吗？这样其实是"没有办法接受事实"的状况，建议你，一鼓作气打包、清理，好好在心中与这段感情道别，如果有好朋友或家人愿意帮你一起打包、清理，那是最好的，因为整理对方的东西常让我们心里产生很多情绪，如果有信任的人在身边陪伴自己，可以让情绪处在比较稳定的状态。

第四种：一直持续无缝接轨

这种行为是在情感上无法接受分离的事实，需要立刻有另一段爱情来麻醉自己的痛苦，让自己保持兴奋与活力，或把新的对象当成失恋对象的化身。其实一直持续无缝接轨的人，可能在很早期有一段很好的关系，是分开时没有好好地道别的，或那段非常重要的关系带给自己强烈的痛苦，那让你觉得"我之后再也不要经历这种痛苦了"，所以每次在关系里不满意，或感觉到有点快经营不下去，就立刻转断跳入另一段关系里。

你可能在小时候，经历了挺长时间的孤单感，最常见的就是"钥匙儿童"，放学后自己打开冷清的家门、自己写作业、自己弄晚餐的孤单的小男孩或小女孩，没有人懂你的孤单，甚至你自己都不愿意去碰触自己的孤单，而这容易导致你在情感的依恋上，去找一个又一个的伴侣来陪伴自己，而没有正视自己内心的伤口或孤单。

治疗的解药

空窗其实是为了遇见更好的他。空窗的目的是让你好好去沉淀，究竟在原本的亲密关系或早期那段重要的关系里，你有没有发现这些关系的共同性？这些共同性很重要，需要你去修正，如果我们生命里不断出现的课题没有修正，那当然会不断出现相似的情境与课题，要你去正视、重视它。

第五种：抗拒面对悲伤

"为什么一定要面对悲伤？我一定要很难过或很崩溃吗？"有一种人一直强烈地避免自己产生任何悲伤的情绪，但悲伤其实是排毒跟代谢的过程。啜泣或流泪能让你开始慢慢感觉到这段关系已经离开了，所以悲伤是有意义而且有功能的。

在我们的文化中，常听到有人说："你哭没有用啊！你哭他也不会回来啊！你干吗哭？"但其实这种说法是在阻断悲伤，很多人因为没办法悲伤，反而延宕悲伤的过程，拖长疗愈的路。

治疗的解药

你要正视自己的情绪，然后去想想："为什么我不能允许自己难过？"难过、脆弱的感觉会让你很害怕承认你分手了、有输了的感觉吗？如果你很难呈现自己的脆弱，请你好好想想："在成长过程中，是什么让我觉得自己不能有这样的悲伤脆弱？"很可能是家里有人要求你不能悲伤，不能展现脆弱，但也可能是家里有情绪张力非常高的人常在你面前崩溃，或常要求你安抚他的情绪，这让你觉得痛苦，让你告诉自己不要跟这个人一样，所以，当你难过伤心时，很难去接触悲伤，因为一接触，就让你感觉自己跟这个家人是一样的，这个联结让你感到痛苦。如果是这样，请你把这些感觉分开来，你的感觉是你的感觉，你承认、接受自己的感觉，并不代表你会成为跟那个家人一样的人，也不代表你是没有用的，而是你正在为自己进行很重要的疗愈过程。

情伤的滋味并不好受，有许多人想要加速治愈自己，不断转移注意力，却依旧发现自己在午夜梦回时暗自垂泪，而在那一刻非常讨厌自己的软弱。但亲爱的，加速情伤疗愈的方式，就是好好碰触自己、碰触伤痛。沉静下来好好面对难过的经验、陪伴自己，才能逐步走出伤痛、迎接新的生活。

害怕夜深人静的孤单？
——谈爱情里被压抑的寂寞与自怜

王雅涵

"我讨厌黑夜，宁静的空间中只剩下我自己，就像被关在一个黑色盒子里那样动弹不得，当我努力逼迫自己快快入睡时，脑袋却似乎更加清醒，感觉疲累但睡不着，伤心和沮丧不断地耗尽我的精神。"亭萱边哭边说着。

亭萱曾一度觉得自己是全世界最幸福的女人，但如今美梦破碎了，突如其来的分手让她不知所措，失恋的感觉很痛，一时之间，她不知道自己该如何一个人生活，特别是在夜深人静时，黑暗像个怪兽吞噬着她。

因为如此，亭萱尽可能地往外跑，参加许多活动，甚至和许多异性发展出超出友谊的关系，为的就是想把自己搞得越累越好、越忙越好，希望一回家就能倒头大睡，能够不用面对黑暗，不要胡思乱想；亭萱身边的朋友其实很担心她，怕她把身体搞坏了，但这就是亭萱所能去面对与治疗失恋的最好方法。

比孤单更可怕的是自怜

让自己忙碌一点，躲避失恋后的孤单，确实是个走出情伤的好方法，但有人想要约亭萱出去时，亭萱有时候也会找借口推托。你一定会想：亭萱不是想要忙碌一点吗？亭萱不是很孤单吗？怎么有人提出邀请了，还拒绝别人呢？

事实上，亭萱只是不希望别人认为她好像过得很不好，亭萱知道对她提出邀约的人都是想关心她近况的人，如果答应邀约，那么在聚会的时候，她就必须努力掩藏自己的孤单感受，然后带着笑容告诉大家自己很好。可是实际上，亭萱一点也不好，这样硬撑起来的坚强，除了欺骗别人，也欺骗着自己。

真实的情况是，亭萱的心中一直有两种矛盾的声音，其中一种声音述说着："我很可怜，但我不要让别人知道。"另一种声音却又责怪着身边的朋友："难道你们不知道我很可怜吗？你们自己看不出来吗？"在这两种内心声音来回摆荡的过程中，亭萱越来越感到失恋带来的寂寞，每当黑夜来临，那仿佛被关在黑色盒子里动弹不得的感受，都撕心裂肺地侵袭着自己。

失恋最令人害怕的不仅是孤单，更是自怜的感受，这些感受带来许多负面的情绪攻击，影响着亭萱和她身边的一切，越是试着让自己看起来很好，就越是把自己的心关起来，没有时间与精力好好地照顾自己，也没办法和身边的亲友有好的联结。

压抑寂寞，反而让寂寞永远离不开

人们都会害怕寂寞，但寂寞久了又习惯了寂寞，失去了对其他人、事、物的好奇与感受，也许我们可以尝试和寂寞做朋友，寂寞会给你一个宁静的空间，让你可以好好和自己相处，此时你反而更能倾听自己内心的声音，去经历这些感受所带给你的成长。

忙碌虽然暂时帮助我们抵挡了被黑暗吞噬的痛苦，但暂时被埋藏了的寂寞从没真正地离开过，甚至不用到黑夜，寂寞就会突然涌上，当我们正在忙碌、正在参与社交活动、正在试着谈一场新的恋爱时突然地出现。因为害怕寂寞，我们更加紧紧地抓住这些曾经成功逃离寂寞的方法，逼迫自己更加忙碌，又或是更频繁参与社交活动以及多谈几场恋爱，为的就是不让自己被失恋后的寂寞给吞噬了。

释放寂寞的提问

面对失恋后的寂寞和自怜，请你先停下来想一想：

我是个害怕寂寞的人吗

没有人不害怕寂寞，而其实寂寞来自于你自己的内心，并不是外在的环境与空间所带来的感受。你是否曾经置身人群中，当大家开心地交谈时，你却觉得自己不属于其中呢？就算勉强自己和他人交流，似乎也感受不到关系的存在？

寂寞正是一种"我与他人的心不在一处的感觉"，换言之，唯有敞开心胸真实地去和身边的人、事、物接触，寂寞的感觉才会消失，但这对一个失恋的人来说，是一件多么困难的事情啊！如果"心"受伤了，暂时还不想敞开，那么就让"心"好好地休息一下吧！当"心"被好好修复之后，才能和寂寞做朋友，不再害怕被寂寞吞噬。

如果我们想靠着外在的交流，来达到内心的交流，却没有给"心"修复的时间，甚至用快速进入下一段恋情的方式，来逃避寂寞，如此一来，你很可能在快速进入的下一段关系中，感到自己不属于这一段新的恋情，寂寞的感受便又会快速地滋长。亲密关系是借着身、心、灵不断地交流，慢慢地敞开内心，渐渐地了解彼此，以达到互相信赖，愿意让两颗心同在，而不再感到寂寞的。

亲爱的，快速进入新的感情，不是解决失恋寂寞的最好方法，远离寂寞，需要的是两颗心同在的联结，接受自己害怕寂寞的感受，让"心"有时间去恢复。

我是否可以借由忙碌，去逃避面对某些不舒服的感觉

其实不舒服的感觉是一种提醒，提醒我们可以去看见并解决，就像胃痛其实是提醒我们也许身体有病变，需要看医生，但很多人选择快速吞下一颗胃药，不去看医生，一直到痛得受不了，才发现为时已晚。

"逃避"这个词不太正面，让我们换句话说，这其实是我们努力在找寻解决"失恋所带来的不舒服感受"的方法。如果方法有效，我们会继续做，但若不是真正的对症下药，不舒服的感受只能被压住一阵子，很快又会跑出来。因此，忙碌虽然可以让我们暂时充电、感到舒服，却无法真正让我们走出失恋的困境。

亲爱的，你可以借着做任何事情获得些许的充电，先照顾好自己，准备好真实地去面对和解决失恋后不舒服感觉背后的真正原因。

因失恋产生的寂寞空洞该如何填补

填补空洞，并不是一直丢东西到洞里去，而是要把洞堵住，这个道理大家都懂，可是为何很多人都做不到呢？原因有两个：第一，我们不知道有破洞；第二，找出破洞太难了。

有时候我们往内心丢进比较大的东西（例如大量的工作、没有意义的聚会、过量的运动、不适合的恋人等），将失恋造成的破洞卡住，但随着时间的推移，它终究会流失，甚至让破洞变得更大，这时我们又试着往内心丢进一个更大的东西，企图填补空洞，最后却演变成"空洞的循环"。

空洞不是一时形成的，也不是一时之间可以填补的，重要的是，你是否相信自己有填补每个空洞的能力。失恋带来的寂寞只是生命中经历到的其中一个空洞，而填补空洞的方式是先安静下来问自己："空洞是怎么来的？是来自于自己还是他人？"试着开始爱自己，尝试填补自己的空洞，开始将前任放下，填补上前任所造成的空洞。

亲爱的，当你心中因失恋而生的空洞一步步地被填满，你便能承接得住你最渴望、最真实的新恋情。

何必把自己困在自怜当中呢

有时候让自己陷入寂寞的感受中，是一种自我保护，看似非自愿地想逃脱，却又在当中感觉到安全。就像亭萱忙着将自己投入许多活动中，但对真正想关心她的朋友的邀约，却选择逃避，不想参与。这缘自我们无法接受自己真实的样子，觉得现在的自己很可怜，讨厌某些状态下的自己，更害怕别人发现这样的自己，于是在四周筑起篱笆，把自己关在里头。

恋爱中的我们，某部分的自我价值来自于另一半，因为我们花了许多的时间和感情在这段关系中，一旦失恋就会经历很大的变动，无论失恋的原因为何，我们或多或少会有懊悔和愤怒的感受，包括自我责怪、怀疑自己的价值："是不是我不好？是不是我再多做点什么，一切就会不一样？""我哪里做错了，我可以改呀！"以及责怪他人，怨恨对方的无情："为什么要遗弃、背叛我？""你不知道我就是放不下你吗？为什么你还能在朋友圈发出去聚会的照片？你过得很好嘛！"……

亲爱的，你可以用自己的步调走出失恋，但能把你关起来的，只有你自己。"喜欢最真实的自己"是走出失恋寂寞最重要的第一步，停下自令，放下对方也是放下自己，而这也是重新拿回对自我的主导权，不再让失恋绑住你，这样的你，才有能量走向你所期待的美好未来。

失恋后寻找新恋情，却再次经历虐恋？
——谈分开后的三个自我检视

吴姵莹

　　"你一定会遇到更好的人""对方不懂你是他的损失""男人就是（请自行填空）"……在结束一段感情后，听到好姐妹这样说，一定会让你感到温暖，感到被支持。

　　是啊！我相信你会遇见更好的人，但你知道什么是更好的人吗？我也认同"不懂你是对方的损失"这样的观点，但你懂你自己吗？当你说"男人就是怎样怎样"这样的以偏概全的话时，我也着实为你捏把冷汗，担心这会让你再次经历虐恋，反复陷入爱情受挫的循环里。亲爱的，取暖没什么不好，只是取暖之后，你为自己做了什么？在下一次有"潜在对象"出现时，你会不会又直接一头栽进去，然后难受了几个月，经历另一段虐恋后，再狼狈地跳船离开？

有次我和同行的心理医生朋友聊天，共同讨论目前需求量最大的咨询服务，朋友告诉我，是有关失恋跟寻找恋情的相关心理咨询。我也认可他的说法，因为在我开办这么多心理讲座与线下活动的经验中，看见很多人在失恋之后充满痛苦，也看见很多人在寻找对象过程中的不安，又伴随着过往情伤经验带给他们的恐惧和彷徨，让他们既想找寻对象，又害怕找到对象，让他们渴望谈恋爱，又害怕给出承诺，或者害怕对方不给承诺。

让我心疼的地方在于，很多人失恋后，没有机会好好疗愈自己，或者不知道怎么疗愈自己，以为只要再找到一个懂自己或愿意陪伴自己的人就好了，又或是说服自己"我值得更好的人"，而急着投入下一段恋爱。可是，往往到头来却发现，失恋后没有好好检视和疗愈自己，反而使自己反复在爱里受伤，失恋后急于找寻下一段恋情，以为这次能幸福了，却又再次创造了虐恋，甚至更加遍体鳞伤。

三种令人心疼的虐恋形态

爱是只要我被看见就值得

在我们的文化里非常常见的现象——重男轻女，这一现象导致很多父母经常忽视或忽略女儿，这时候，身为女儿的角色会怎么样呢？她常会觉得自己要做很多事情，要很努力，挤到所有孩子的前面，才能让父母看见她。这样的孩子，长大后进到亲密关系里，非常容易觉得"我需要做好多好多的事情，我要讨好你，甚至要服侍你，要顺着你的意思走，否则你永远不会看到我"，其实这里头已经隐含着"我觉得我不容易被看见，我不是个很有价值的女孩，所以我一定要做很多事情，当我做了很多事，别人看到我的那一刻，我会稍微感觉到自己是被爱着的"。而当别人一直没有看到，她会觉得习以为常，但心里依然委屈，所以，她爱人的方式就是不断地讨好、不断地努力，即使另一半对她爱理不理，只要别人给她一点点回应，她便觉得做这一切都是值得的。就是因为缺乏自我价值的心态，她想要的爱其实是很微弱的，有时候会让她吸引到见不得光的恋情，例如不伦恋、三角关系，或者对方身负罪名、陷入债务纠纷等很大的问题都有可能。

爱是强烈的占有与控制

如果你的父亲是情绪很容易冲动、控制欲非常强的人，而你对父亲是仰慕和尊敬的，那么你会非常容易在亲密关系里被一个控制欲非常强的对象吸引，为什么呢？我曾遇到的一个学员告诉我，当她去想什么情况下她是被爱着的，她脑海中立刻浮现的情景是对方向她索取所有电话簿里的联络信息，并掌握她家附近所有警察局的信息，如果他打三通电话没有找到她，就要把她清单上所有的电话统统打一遍，不然就要报警！她告诉我，在那一刻她觉得很有压力，可是，她同时觉得对方竟然如此在乎她的安全。当别人给她浓烈的束缚感的时候，她觉得自己是被爱的，而"像小绵羊一样乖乖地听话，不要惹对方生气"就是她爱人的方式。也就是这样的依顺感，以及潜意识里的渴望被掌控的感觉，让她总是吸引有潜藏暴力倾向或有危险情人特质的人来到她身边。

爱是无止境的付出与照顾

或许你在过往可能刚好看到父亲有一段历史，而这段历史对你的打击或冲击是很大的，你可以仔细想想父母亲在那段时间是怎么互动的。很可能母亲在那时候很努力地持家，很操劳，而父亲却是软弱、一蹶不振的，所以，你可能将"我需要靠自己"的念头放进心里，而下意识觉得伴侣很不可靠或很脆弱，那么你很可能就会吸引来真的很不可靠或脆弱的伴侣，例如失业了也知道你会照顾他。他可能也不是故意的，可是你会想，为什么你很容易吸引到对自己的事业、工作，好像不是这么有强烈拼劲的男性呢？

很可能是因为你内心所谓爱人的方式就是无止境地照顾与付出，因此你要照顾他，而他需要你的时候，你会特别感觉自己是被爱着的，而当他事业飞黄腾达时，你感觉不到自己被需要，你没有感受到爱与被爱的信号，你没有被满足，关系可能就很难进行下去。也因此，你很难吸引到自信且事业稳定的对象，因为你跟他们在一起的时候没有安全感，因为你并不觉得他们会依赖你。因而你在感情中的付出过多，容易将自己陷入虐恋中。

失恋后的自我检视

我受什么样的人吸引

有些人经常吸引到有暴力倾向的另一半，一开始都被对方的霸道征服，觉得自己可以当小女人，渐渐地却感受到，其实对方根本不懂得尊重自己的想法和感受，最后演变成在关系中遭受暴力，更有甚者还被对方始乱终弃，而这很可能是因为"霸道"与"窒息般的亲密感"对这些人有无法言喻的吸引力和熟悉感。

亲爱的，那你呢？问问自己，你常吸引到什么样的另一半？而你受什么样的人吸引呢？如果这种吸引力最终会引来痛苦又难以自拔，你是否愿意帮自己看见后，停下这个爱的循环呢？

我期待什么样的爱情相处模式

有些人在控制里感觉到对方对自己的在乎，却倍感痛苦，但当对方开放随和时，反而又不知所措。有人喜欢拥有自己的空间，却害怕在关系中提出需求，觉得那是自私的表现，而长时间陪伴对方又觉得不快乐，若还遭对方嫌弃，则更感痛苦、无所适从。

亲爱的，那你呢？问问自己，什么样的相处模式是让你感到轻松自在的？你期待什么样的爱情相处模式呢？当你遇到充满痛苦又无法解决和改变的相处模式时，是否愿意帮自己停下纠缠？

我是如何去爱与感受被爱

简单来说，就是你如何付出爱、如何被爱。有人在爱情里有公主病和王子病，认为自己跟对方在一起就是一种恩赐，因而在关系里零付出又百般要求对方。有人在爱情里觉得只要带对方吃喝玩乐就是给出爱，却无法在精神层次上有深度地交流。

亲爱的，那你呢？问问自己，你是如何爱人和被爱的？又是如何经营感情的呢？你是否愿意在关系中去与对方核对，你给的是对方想要的吗？对方付出后跟你念叨、讨谢时，你是否乐意回应？你是否能感受到真正被爱的感觉？

你自己，是可以避免"虐恋"再次发生的主导者！无须自我催眠下说一个人会更好，只要行动起来，更细致地检视自己，有意识地为自己选择情感，最终你就会真正地相信"下一个人会更好"，因为你已经很清楚自己想要的，也清楚自己是值得的。

失去再爱的勇气？
——谈失去后的哀伤五阶段与自我重建

林佳慧

　　"和他分手后，我变得很害怕谈恋爱，以前对爱情的勇敢和冲动好像都不见了，可是我明明是想谈恋爱的啊！不知道为什么现在有人追求我，我却老是胆怯。"小圆困惑地继续说，"夜深人静的时候，我心里总是浮现前男友的脸，我特别生气，气他发信息说分手，然后就从此消失了，让我到现在都很怕再遇到一个和他一样不负责任的人！我怕再一次面对突然失去一切的感觉。"

　　小圆既生气又害怕，同时充满着疑惑，接着说："有时候我会想，他可能是有什么不得已的原因才会离开，也许哪一天会突然回来吧。但想了想，又觉得我根本只是在自欺欺人。"有好多的矛盾在小圆心中乱窜。

从失落哀悼的历程，
看你是否准备好进入下一段关系了

我们在面对关系结束后的失落时，会经历伊丽莎白·库伯勒－罗丝（Elisabeth Kübler－Ross）所提出的所谓"哀伤五阶段"（Five Stages of Grief），这个历程中包含了五个对失落的反应，分别是"否认""愤怒""讨价还价""忧郁"，以及最后的"接受"。你可以通过这五个阶段，去看看现在的你处在什么样的状态中，并给予不同状态中的自己适当的帮助。

否认

在这个阶段，你可能感到讶异、震惊，不愿意接受已经分手的事实，不敢也不愿相信这样的事居然会发生在自己身上。此时，你可以通过想象，让自己停留在分手的那个时刻，并明确地告诉自己"我和他已经分开了"。

愤怒

在这个阶段，你心里出现许多生气的感觉和指责的声音，觉得自己是这段感情中的受害者，急着为这件事找一个负责人。除了生气，你也感到委屈，且可能将内在的挫败感投射到他人或外在社会环境上，而批判他人，也可能转而批评自己。此时，你可以通过写日记或对信任的人倾诉等方法表达心中所有的愤怒，但是要特别留意，在安全的范围内释放情绪，并避免报复性行为。

讨价还价

在这个阶段，你在拒绝和接受分手事实的两端摇摆着，你尝试着找各种理由合理化对方的行为，或欺骗自己，渴望能改变已分开的事实。此时，你可以先清楚地告诉自己"分手已是无法改变的事实了"，接着细细地回想在过去这段关系中你所做的努力，并肯定这个为感情付出的自己。

忧郁

在这个阶段，在认知上，你已经知道了分手是无法改变的事实，但在心理上仍然无法接受，因而感到失落、难过、伤心、绝望、无助。认知和心理的矛盾，使你可能产生失眠、头痛、厌食、易疲倦等生理症状，但也会促使你开始面对与处理关系结束后的失落，因此这是非常重要而关键的阶段。此时，请避免用成瘾性行为麻痹自己，请你好好照顾自己的身体，维持定时且适量的饮食、睡眠及运动，并去接触情绪，允许自己脆弱，也有意识地和能给予自己情感支持的人相处，正视情绪和目前所处的困境，在必要时向他人求助。

接受

在这个阶段，你能够以较平和的心情面对失落，也能接受失落是人生无法避免的一部分，开始试着去读懂失落带给你的积极的生命意义，试着从中学习属于你的人生课题，开始重新建构自己的生活，逐步把自己爱回来。

亲爱的，失落哀悼的过程不见得会像闯关般地向前，很有可能你会在某个阶段卡住，又或者在某些阶段徘徊，就如同小圆在"愤怒"与"讨价还价"中打转，而如果小圆能看清自己此刻处在哪个阶段，并自我帮助，将能顺利走过这五个阶段。当你走到最后的"接受"阶段，将意味着你已经具有较为健康的心理状态，已经为进到下一段关系中做好了准备。

他的离开，把一部分的我也带走了

在爱情中，我们受另一半的影响是相当大的。我们除了开放了某部分的自己，让对方认识之外，也在和对方的互动中认识着自己，建构着自我概念；而失恋，不仅是失去这段关系、失去对方，某种程度上也像是失去了一部分的自己，因而在分手后，我们常会有"没有了他，我是谁""他离开后，我就不完整了"的感受。

所以在关系结束后，我们需要经历一段"自我重建"的路，整理自己的每个部分，把缺失的自己找回来，去爱自己，进而重新定义自己。这也是哀伤五阶段中"接受阶段"的重要任务。

接受阶段的重要任务——自我重建

自我重建，也就是重新建构自我概念，亦即你对自己的认同。自我概念／自我认同究竟从何而来呢？最直观的来源是借由"他人的回馈"来建立对自己的认识，这也是为什么在爱情中我们无可避免地会有某部分的自己与对方紧密地相连着，可是需要留意的是，任何人接触和认识的都只是部分的你，不会是全部的你，所以另一个建立自我概念的重要来源是"自我探索的经验"。

跳出关系去认识自己

问问自己：没有另一半的你是一个什么样的人？喜欢做什么？有什么兴趣和能力？你的个性特质是什么？你在意和看重的事情是什么？你偏好什么样的穿着打扮？等等。另外尝试新的领域、认识新的朋友，以及适度投入能带给你成就感的工作或学习中，也是跳脱亲密关系，去重新认识自己、建立自信的好方法。

在独处中贴近接纳自己

练习一个人独处，练习自我陪伴的能力，而在独处时写作、阅读、绘画、听音乐，或一个人去看电影、旅游，都是很好的尝试与沉淀。独处常能帮助我们认识未知的自己，最直观的就是，或许你从没想过能独立完成过去需要他人陪着去做的事，曾经需要依靠他人来满足被爱的感受，如今都可以自己给自己，也会重拾爱自己的能力。

在独处时你常会更贴近自己的各个面貌，包括你喜欢和不喜欢的自己。你需要承认并接纳每一个自己，因为正是这些优缺点使你如此独特，而且在你接纳它们后，才将更有能量选择发挥、改进那些部分的自己。

活出真实又独特的自己

在你跳脱关系去探索自己，并在独处中看见、贴近、接纳自己后，对自己会有更清楚的了解，也在这个过程中重新拼凑着自己，然后，你可以试着逐步展示更多的自己让他人认识，当你扩大"开放的自己"（你知道且别人也知道的自己）时，你的内在和外在将更一致，因而逐渐活出真实又独特的自己。

　　亲爱的，在关系中，我们有多大能力爱自己，就有多大能力去爱人。很多时候我们以为自己失去的是再爱的勇气，但更深入地去看，你会发现，这背后可能藏有未完成的哀伤五阶段，其中残存着对爱的恐惧和伤痛，也可能隐含着"我们是否拥有爱的能力"的困惑。

　　如果你问，时间能治愈情伤吗？我会说，你需要有意识地自我觉察和自我帮助，否则你很可能会困在情伤当中走不出来，而当你被困住时，时间能带给你的帮助，仅剩把伤痛不平均地散布在你未来的每一天。倘若小圆能有意识地觉察自己所处的哀伤五阶段，并自我照顾、陪自己走一趟自我重建之路，将有机会改写未来的故事。

　　自我重建，是把自己找回来、爱回来，重整并疼爱自己的一段旅程，当你更懂自己，拥有更清的自我概念和自我认同感，贴近也接纳自己，你将能更好地爱自己，进而能开展下一段爱情，在下一段关系中给出爱与享受被爱。